Angelo Catapano

Padre e Custode

Angelo Catapano

Padre e Custode

La figura di san Giuseppe e il magistero pontificio da papa Francesco a Pio X

Edizioni Sant'Antonio

Impressum / Stampa
Bibliografische Information der Deutschen Nationalbibliothek: Die Deutsche Nationalbibliothek verzeichnet diese Publikation in der Deutschen Nationalbibliografie; detaillierte bibliografische Daten sind im Internet über http://dnb.d-nb.de abrufbar.

Informazione bibliografica pubblicata da Deutsche Nationalbibliothek (Biblioteca Nazionale Tedesca): la Deutsche Nationalbibliothek novera questa pubblicazione su Deutsche Nationalbibliografie. Dati bibliografici più dettagliati sono disponibili in internet al sito web http://dnb.d-nb.de.

Coverbild / Immagine di copertina: www.ingimage.com

Verlag / Editore:
Edizioni Accademiche Italiane
ist ein Imprint der / è un marchio di
OmniScriptum GmbH & Co. KG
Heinrich-Böcking-Str. 6-8, 66121 Saarbrücken, Deutschland / Germania
Email / Posta Elettronica: info@edizioni-ai.com

Herstellung: siehe letzte Seite /
Pubblicato: vedi ultima pagina
ISBN: 978-3-639-60607-2

INDICE

PRESENTAZIONE

La prima parte del presente volume propone la relazione presentata, nel primo anno del pontificato di papa Francesco, il primo ottobre 2013 al simposio internazionale su san Giuseppe, tenutosi in Messico a Ciudad Guzmán (Guadalajara), dove c'è una devozione spiccata verso lo Sposo di Maria, chiamato distintivamente "el señor san José". Il Santo Padre ha inviato appositamente il suo messaggio augurale e la benedizione apostolica. Il tema trattato riguarda la paternità di san Giuseppe, che ancora oggi occorre ribadire, senza nulla togliere – chiaramente - all'opera dello Spirito Santo nella nascita del Figlio divino, sia nei riguardi di Gesù che di tutta la Chiesa. La chiave di lettura è originale e offre un quadro complessivo sulla vicenda singolare del nostro santo, carica di esemplarità. L'invito che ne consegue è di vedere in lui un vero "padre e custode" in rapporto a Cristo e nei nostri confronti, dato che siamo chiamati a riconoscerci suoi figli, considerato che è il nostro Patrono universale, proclamato tale da Pio IX nel 1870.

La seconda parte presenta un breve cursus sugli interventi degli ultimi Papi: da ricordare l'omelia inaugurale del ministero pontificio di papa Francesco e la sua venerazione per san Giuseppe; più diffusamente si presenta quanto ha scritto il papa Benedetto XVI nel suo ultimo libro sull'Infanzia di Gesù, da cui si ricava il ruolo non secondario svolto da san Giuseppe; si passa al novello santo Giovanni Paolo II, ricordando il 25° anniversario della sua esortazione apostolica "Redemptoris Custos", che sottolinea la "paternità autentica" del Custode del Redentore; si fa riferimento a san Giovanni XXIII, di cui conosciamo la tenera devozione per san Giuseppe, un modo per sintonizzarci col cammino della Chiesa intera, a cinquant'anni dal Concilio Vaticano II, di cui è stato da lui dichiarato protettore il nostro santo; si conclude infine con quanto ha sottolineato l'insegnamento di san Pio X.

La terza parte illustra il Custode del Redentore, attraverso una serie di trenta riflessioni propositive e meditazioni significative, utili anche per il Mese di san Giuseppe. Davvero occorre riconoscere in lui "il padre e il custode" giusto per la vita dei credenti. Che l'esempio dei santi e il magistero pontificio da oltre un secolo a questa parte accompagnino questo cammino di riscoperta.

PRIMA PARTE

LA PATERNITA' DI SAN GIUSEPPE

1. UN NOME CHE INDICA CRESCITA

La paternità di san Giuseppe è il tema specifico di questo testo. E' un contributo in linea con la Chiesa italiana che si interroga sull'emergenza educativa. In questo – che è il primo di tutti i santi - si trova una "porta aperta" da non trascurare per entrare e procedere speditamente nel cammino. Fa piacere considerare che **il suo nome** si è così diffuso nel mondo da risultare tra i primi, esattamente il primo tuttora in Italia. E' augurabile che continui ad essere scelto al momento del battesimo. Possiamo dire subito che la sua missione di padre e di educatore è così rappresentativa, vicina alla comune e più genuina esperienza umana, che ancora tanti portano il suo nome, con tutte le molteplici varianti al maschile o al femminile, con svariati diminutivi e vezzeggiativi, adoperati nelle lingue e nell'uso popolare. E' un nome bello e ricco di significato, dall'originale ebraico Yohsèf, e di conseguenza in greco e in latino Ioseph, che significa "Dio ha fatto crescere – Il Signore ha aggiunto". E' proprio vero: Dio ha "fatto crescere" Giuseppe e attraverso di lui il Figlio divino. Col suo esempio paterno e la sua intercessione fa crescere gli uomini e li aiuta nel cammino educativo. E' proprio vero: nella pienezza del tempo, per compiere il suo piano di salvezza, Dio ha pensato a lui, lo ha scelto e lo ha "aggiunto" – personaggio non secondario - al mistero dell'Incarnazione. Questo mistero è già in prospettiva della Redenzione, come dice la liturgia della sua solennità del 19 marzo: "alla sua premurosa custodia Dio ha affidato gli inizi della nostra redenzione". Non si tratta di interessarsi ad una figura marginale, ma a chi porta direttamente alle fonti della salvezza. Non è una devozione d'altri tempi o un semplice santino da mettere in tasca. C'è chi ritiene sia un argomento di scarsa importanza, ma non lo è. Nel documento a lui dedicato da Giovanni Paolo II, intitolato "Redemptoris Custos" (= RC), sintesi del magistero giuseppino, viene affermato chiaramente: "San Giuseppe è stato chiamato da Dio a servire direttamente la persona e la missione di Gesù mediante l'esercizio della sua paternità: proprio in tal modo egli coopera nella pienezza dei tempi al grande mistero della redenzione" (RC 8). Il medesimo Papa vede in lui il paradigma di ogni servizio e ministero. Non solo la famiglia, ma anche il sacerdozio e l'episcopato (e il papato!) trovano ispirazione in lui. Per cui confida: "L'episcopato è, indubbiamente, un ufficio, ma bisogna che il vescovo lotti con ogni energia per non diventare un 'impiegato'. Egli non deve dimenticare di essere un padre. Quando penso a chi potrebbe essere considerato come aiuto e modello per tutti i chiamati alla paternità – nella famiglia o nel sacerdozio, e tanto più nel ministero episcopale – mi viene in mente san Giuseppe" (Alzatevi, andiamo!, Mondadori, 2004, p. 106). Il titolo di padre di Gesù, prima ancora che di sposo di Maria, gli appartiene originalmente, ed è titolo più che sufficiente per attirare la nostra attenzione. Per lo stesso titolo è chiamato all'altissima missione di educatore del Signore. Il biblista giuseppino p. Giuseppe Danieli afferma: "Giuseppe è l'unico uomo che ha educato alla vita il Figlio di Dio divenuto bambino, l'unico che, sicuramente, ha insegnato a Gesù. O meglio, è l'unico uomo dal quale, con certezza, il Figlio di Dio ha voluto essere educato, istruito e preparato alla vita" (Incontri con san Giuseppe nella Parola di Dio, Libreria Editrice Murialdo, 2009, p. 26). E' da condividere il giudizio di p. Tarcisio Stramare, tra i più noti studiosi giuseppini: "Nel passato i titoli di san Giuseppe venivano elencati iniziando da quello di 'sposo della Beata Vergine Maria'. Tenendo conto di quanto abbiamo detto circa la predestinazione di san Giuseppe e del suo ruolo nel piano della salvezza, si comprende come l'Esortazione apostolica Redemptoris custos metta in primo piano, invece, il titolo della paternità". Occorre aggiungere che insieme alla sua Sposa, non c'è nessuno più evangelico e cristocentrico di lui, capace di innestarci in profondità nel mistero di Cristo e della Chiesa. Credo che questo personaggio sia ancora lontano dall'essere compreso nella sua importanza e peculiarità. Solo il Figlio e la Sposa d'altronde conoscono il suo segreto e lo possono mostrare. Da loro bisogna partire per il cammino educativo che qui viene presentato. Fa piacere poi che la festa di san Giuseppe, allo sbocciare della primavera, sia indicata per la festa non solo di coloro che portano il suo nome, ma di tutti i papà e del Papà per eccellenza, che viene riconosciuto nella sua paternità. Un nome che già dalla sua etimologia fa pensare alla "crescita" di ognuno. Nell'odierna società "senza padre", dove spesso è trascurata la figura paterna e misconosciuta la sua autorevolezza, viene a proposito il suo modello da riscoprire come padre di Cristo e della Chiesa.

2. LA CHIAMATA ALL'AMORE

Risaliamo a circa un ventennio prima di 2000 anni fa, in una piccola località della Galilea, in Palestina, al tempo dell'impero romano, precisamente a Nazaret. E' quello il luogo dove abita Giuseppe, terra che lo distinguerà, come anche il suo figlio e i familiari, indicati come galilei e nazareni. Non sono lontani il lago di Tiberiade, Cana, Sefforis, Cafarnao, Magdala... Succede allora, in quel villaggio, un evento che possiamo considerare il fatto più importante della storia, quello che la divide in due: prima e dopo Cristo. Giuseppe ha circa 18-22 anni. E' di bell'aspetto, con la barba e i capelli neri; porta forse due boccoli attorcigliati ai lati (peot), come usano ancor oggi gli ebrei ortodossi. E' ormai in età da marito. Bisogna dire che a quei tempi nella mentalità ebraica è considerata una vergogna per un giovane a vent'anni il fatto di non essersi ancora sposato. Il Talmud, che raccoglie in seguito la tradizione orale degli ebrei, prevede che gli uomini a 18 anni siano pronti per il matrimonio. Non dobbiamo assolutamente accettare la versione degli apocrifi, fantasiosi e poco rispettosi della figura di Giuseppe, che lo rappresentano come anziano, addirittura vedovo con altri figli e raccontano episodi miracolistici inverosimili. Forse hanno creduto di difendere meglio con la differenza di età la verginità della sposa. Forse hanno pensato di spiegare così i cosiddetti "fratelli di Gesù", che però sono da intendere più genericamente come cugini o parenti. Questi racconti sono invenzioni che non hanno nulla a che vedere con la storia e la veridicità dei fatti. Purtroppo hanno avuto influsso sull'arte nei secoli, ma giustamente la Chiesa nella sua sapienza non li ha accolti. Basiamoci piuttosto sui quattro Vangeli, per quanto scarni, e sull'autentica Tradizione del magistero e la testimonianza dei santi. Giuseppe è figlio di Giacobbe secondo Matteo (o di Eli secondo Luca). Come tutti i giovani ebrei del suo tempo, è giovane e decide di sposarsi con Maria, una bella ragazza anche lei giovane, probabilmente sui 14-16 anni. Il **periodo del fidanzamento**, e quindi dell'affettuoso avvicinamento tra i due, dev'essere stato affascinante e rimane avvolto nel segreto, non conoscendo dettagli in proposito. Il Cantico dei cantici, poema della Sacra Scrittura che verte sull'amore, in più punti può essere applicato anche a Giuseppe e a Maria, i quali diventano così l'emblema della coppia innamorata che si rincorre. Nell'amore umano è rappresentato in profondità l'amore di Dio. In nessuna coppia di fidanzati più che in loro due brilla la scintilla splendente di Dio Amore. Sentiamo come sgorgate dal loro cuore diverse espressioni: "*Una voce! L'amato mio! Eccolo, viene saltando per i monti, balzando per le colline. Àlzati, amica mia, mia bella, e vieni, presto! Perché, ecco, l'inverno è passato, è cessata la pioggia, se n'è andata; i fiori sono apparsi nei campi, il tempo del canto è tornato e la voce della tortora ancora si fa sentire nella nostra campagna... Tutta bella sei tu, amata mia, e in te non vi è difetto. Tu mi hai rapito il cuore, sorella mia, mia sposa, tu mi hai rapito il cuore con un solo tuo sguardo... Dov'è andato il tuo amato, tu che sei bellissima tra le donne? Dove ha diretto i suoi passi il tuo amato, perché lo cerchiamo con te? L'amato mio è sceso nel suo giardino fra le aiuole di balsamo, a pascolare nei giardini e a cogliere gigli... Mettimi come sigillo sul tuo cuore, come sigillo sul tuo braccio; perché forte come la morte è l'amore, tenace come il regno dei morti è la passione: le sue vampe sono vampe di fuoco, una fiamma divina! ... Le grandi acque non possono spegnere l'amore né i fiumi travolgerlo. Se uno desse tutte le ricchezze della sua casa in cambio dell'amore, non ne avrebbe che disprezzo*" (cfr Ct 2, 4, 6). Si può affermare che per tutti gli innamorati, per i fidanzati di ogni tempo e di ogni luogo, rimane esemplare il rapporto tra Giuseppe e Maria. Sicuramente tra i due personaggi ci sarà stato grande affetto e tenerezza. Cuore e spirito battevano all'unisono, il loro amore cresceva diventando sempre più perfetto. Rimane un modello per tutti. Il papa Benedetto XVI invita: "Voi che siete sposati, guardate l'amore di Giuseppe per Maria e per Gesù; voi che vi preparate al matrimonio, rispettate la vostra o il vostro futuro coniuge come fece Giuseppe; voi che vi siete consacrati a Dio nel celibato, riflettete sull'insegnamento della Chiesa nostra Madre" (19.3.2009). Mettere l'amore al primo posto nella propria vita, ponendosi al servizio del bene dell'altro/a, è in verità il cuore dell'insegnamento di ogni educatore ed è ciò che qui si impara. In riferimento a questo insegnamento Giovanni Paolo II scrive nella Lettera alle famiglie: "Maria è entrata per prima in questa dimensione, e vi ha introdotto pure il suo sposo Giuseppe. Essi sono così diventati i primi esemplari di quel bell'amore che la Chiesa non cessa di invocare per la gioventù, per i coniugi e per le famiglie" (n. 20). Rispondere alla chiamata all'amore è dunque il primo passo da fare seguendo l'esempio di san Giuseppe.

3. LA VIA DELLA GIUSTIZIA

Questo rapporto tra Giuseppe e Maria viene ratificato col contratto di matrimonio e la dote, secondo l'usanza ebraica e la legge mosaica. Prima di cominciare la coabitazione tra gli sposi, che in genere avveniva dopo un anno, ecco che accade l'inconcepibile: nel grembo di Maria "*per opera dello Spirito Santo*" (cf Mt 1,20; Lc 1,35) viene concepito il Figlio di Dio. L'annuncio dell'arcangelo Gabriele rivela alla Madre il progetto del Padre eterno per la venuta del Salvatore (cfr Lc 1,26-38). A Giuseppe non è stato ancora rivelato e si dibatte in momenti drammatici. Disorientato, non trovando spiegazione davanti all'evidenza della gravidanza, non sa cosa fare e quale sia la scelta migliore. Essendo "*giusto*", come lo definisce il Vangelo stesso (Mt 1,19), **vuole fare ciò che è giusto**, ossia la volontà di Dio, il solo Giusto e Santo. Il termine ebraico che viene usato, sadìq, ha una pregnanza tutta particolare ed è tutt'oggi un titolo di grande onore. Giuseppe ha imparato fin da giovane a confidare nel Dio dei suoi padri, a riporre solo nel Signore fiducia e speranza. Prega con il salmo: "*Il giusto fiorirà come palma, crescerà come cedro del Libano*" (Sal 92,13). Ha fatto già sua quella beatitudine che sarà proclamata solo più tardi: "*Beati quelli che hanno fame e sete della giustizia perché saranno saziati*". (Mt 5,5). La giustizia è sinonimo di felicità, rettitudine, santità. Può darsi che la sposa non gli rivela l'annunciazione per lasciar fare a Dio che interverrà al momento giusto. E' Lui infatti che ha preso l'iniziativa per operare l'incarnazione e sa come portarla a compimento anche nel suo sposo. Giuseppe ama la sposa più di se stesso, crede alla sua innocenza e per lei farebbe qualunque cosa. Dire che Maria è la sua fidanzata o la sua "promessa sposa" è riduttivo, perché è già sua moglie, anche se non sono ancora andati a vivere insieme. Ma le cose sono cambiate a sua insaputa e anche se gli viene svelato il mistero forse non si sente degno di stare più al suo fianco. Misericordioso e osservante nel medesimo tempo, pensa di ripudiare la sposa segretamente, per non esporla alla vergogna davanti agli altri e alla punizione della lapidazione prevista dalla legge. C'è però una norma che gli pare più accettabile: "*Quando un uomo ha preso una donna e ha vissuto con lei da marito, se poi avviene che ella non trovi grazia ai suoi occhi, perché egli ha trovato in lei qualcosa di vergognoso, scriva per lei un libello di ripudio e glielo consegni in mano e la mandi via dalla casa.*" (Deut 24,1). Ad ogni modo salta la sua scelta di vita, ogni suo desiderio più profondo, ogni programma a lungo accarezzato. E' come se sbattesse davanti a un muro, con la veemenza dei sogni infranti. La sua vocazione non può essere più quella di prima. Aumenta la preoccupazione e gli pare impossibile rimanere ancora con lei. Gli sembra incredibile quello che sta succedendo. Gli pare di trovarsi in un tunnel senza via d'uscita. La notte si fa sempre più nera e dolorosa. Con le parole dei mistici, diciamo che si tratta di una vera e propria "notte oscura" che soffre intimamente. In questa situazione passa settimane o addirittura qualche mese, dopo il ritorno di Maria dalla visita alla parente Elisabetta. L'incertezza e lo smarrimento, il senso di vuoto e di fallimento, proprio in ciò che gli stava più a cuore con la scelta già fatta del matrimonio, lo attanagliano e non gli lasciano dormire sonni tranquilli. Ma ecco che la luce di Dio riempie la sua notte. L'angelo Gabriele porta a Giuseppe la Parola del Signore ed è questa la sua annunciazione. Non è solo un sogno. E' la verità di Dio sulla sua vita e su quella del mondo intero. Capisce che non c'è notte che non possa essere vinta dal Signore. Il Signore lo chiama nel tempo del sonno, nelle sue notti insonni riempite di preghiera. Accetta con docilità e moltiplicato amore il progetto del Creatore a cui "*nulla è impossibile*" (cf Lc 1,37). Non deve aver paura. Non gli è chiesto di tirarsi indietro, al contrario. Il Cielo gli fa sentire la sua voce e gli indica il suo compito grandioso: prendere Maria come sposa, quel figlio divino come figlio suo! E' il sogno di Dio che entra nei suoi sogni e gli affida una missione paterna unica al mondo. Proprio perché è unica, non è definibile e tutti gli aggettivi appaiono inadeguati. Non c'è da chiamarlo padre putativo, legale, adottivo, verginale, nutrizio, o inventarsi qualche altra definizione. Essere padre è ad ogni modo la sua chiamata speciale. Perciò pensare a san Giuseppe deve richiamare innanzitutto il suo ruolo paterno. Rappresenta tutti i padri della terra, di ogni tempo e di ogni luogo, nella loro funzione educativa e genitoriale. Rappresenta tutti gli educatori, che si prendono a cuore la crescita della gioventù. Rappresenta addirittura il Padre celeste accanto a quel figlio che gli viene donato. La sua paternità, come dichiara con chiarezza Giovanni Paolo II, è "autentica". Anche Benedetto XVI sottolinea: "San Giuseppe manifesta la paternità in maniera sorprendente, lui che è padre senza aver esercitato una paternità carnale. Non è il padre biologico di Gesù, del quale Dio solo è il Padre, e tuttavia egli esercita una paternità piena e intera. Essere padre è innanzitutto essere servitore della vita e della crescita. San Giuseppe ha dato prova, in questo senso, di una grande dedizione" (18.3.2009). E' "padre davvero" di Gesù, sebbene non in forma carnale. Assume, davanti a Dio e agli uomini, il suo compito di padre, in piena coscienza e responsabilità. Se proprio si vuole distinguere potremmo chiamarlo "padre terreno" rispetto al Padre celeste. La via è aperta: perseguire un sogno da realizzare, un ideale da vivere, avere una meta da raggiungere, è la cosa giusta nella crescita di ognuno. Lottare per la giustizia e fare ciò che è giusto è il progetto di vita da portare avanti; passare dalla paura e dal disorientamento alla luce e alla chiarezza del traguardo è fondamentale; assumersi le proprie responsabilità è l'opzione educativa che si apprende dalla vicenda di Giuseppe: padre giusto e sognatore per eccellenza ma con i piedi per terra. La via della giustizia – che supera quella umana e si fa divina per l'adesione del cuore a Dio - è quella che lui percorre e che indica a chi lo segue.

4. IL MODELLO DELLA COPPIA

Seguiamo il vangelo di Matteo, che racconta i fatti dall'ottica di san Giuseppe e lo rende protagonista nel tempo dell'infanzia del Signore. Siamo nell'anno zero, o alcuni anni prima. Giuseppe sente la voce del Signore che gli dice: "*non temere di prendere con te Maria, tua sposa, perché quel che è generato in lei viene dallo Spirito Santo*" (Mt 1,20). Ora capisce che quella è la sua vocazione. Per quella chiamata è stato scelto da Dio, per quella missione è stato preparato e immensamente amato dall'Eterno che ha creato cielo e terra. E' una vera e propria rivoluzione della sua esistenza. Non contano la sua debolezza, la sua umana fragilità, le paure che può avere, il suo essere semplice e povero, un umile lavoratore nella vigna del Signore. Dio anzi ha guardato proprio alla sua umiltà – come a quella della sposa - e ne ha fatto un capolavoro. Come Abramo, lascia le sue sicurezze e crede all'incredibile, *spera contro ogni speranza* (Rom 4,18) e così diventa "padre nella fede" del nuovo popolo di Dio, di una discendenza numerosa "*come le stelle del cielo e la sabbia del mare*" (cfr Gen 22,17), che si estende sulla Chiesa diffusa nel mondo. E' quanto mai significativo riconoscere in san Giuseppe il nuovo "padre nella fede". Sono interessanti le riflessioni di Giovanni Paolo II che pongono in parallelo la paternità di Giuseppe e quella di Dio sulla comunità cristiana: "La Chiesa professa e loda questa particolare 'alleanza nella paternità', nella quale Giuseppe di Nazaret ha avuto parte ancor più che Abramo. D'ora in poi avrebbe saputo che cosa dovevano significare nella sua vita e nella sua vocazione le espressioni del salmo 'Egli mi invocherà: Tu sei mio padre' (Sal 88)… Sono lieto di adorare oggi la paternità divina, che si è rivelata in modo mirabile in Giuseppe" (24.3.1985). Tutto il suo itinerario sarà un meraviglioso cammino di fede, esemplare per ognuno: una "peregrinatio fidei" simile a quella della sua sposa. La temperanza è la sua strada. Giglio di purezza, simboleggiato dal bastone fiorito, diventa modello ammirevole per chi si sposa scegliendo la via del matrimonio e per chi si consacra nella vita religiosa. Con tutte le energie si butta ad amare Maria e quel figlio che sta per nascere nel grembo della madre. D'ora in poi il suo primo lavoro non sarà quello del mestiere che esercita, ma quello di essere padre e marito, servire, sostenere e proteggere il bambino e la sposa. E' la scelta di un amore esclusivo per il figlio divino e di un amore verginale per Maria, naturalmente concordato tra i due. La tradizione ebraica e il contesto sociale esaltano la fecondità come dono di Dio, mentre la sterilità viene ritenuta una disgrazia. In un modo tutto proprio, diverso da chiunque altro, i due sposi vivono castamente il loro rapporto coniugale nel rispetto del volere di Dio. E' Lui che li ha scelti e coinvolti nel suo piano d'amore imperscrutabile; a Lui si donano insieme indissolubilmente. Sono tutti e due vergini e scelgono di appartenere totalmente e per sempre al Signore che ha posato il suo sguardo d'amore su di loro. Il discorso di Cristo su chi si fa "*eunuco per il Regno dei cieli*" e che molti non capiscono (cfr Mt 19,7-12) illumina pure la relazione di Giuseppe e Maria. Non credo sia necessario ricorrere a dei voti di verginità, specialmente prima dell'annunciazione, periodo in cui probabilmente pensavano di sposarsi come tutti. La misteriosa frase di Maria "non conosco uomo" (Lc 1,34) può significare semplicemente: "non ho relazione sessuale con nessuno". Per la comprensione della loro intima vicenda può essere sufficiente questa scelta verginale di coppia che compiono dal momento in cui si rendono conto che Dio li aveva scelti, unici al mondo, per l'incarnazione del Figlio divino. Osserva il papa Paolo VI: "San Giuseppe mise a disposizione dei disegni di Dio la sua libertà, la sua legittima vocazione umana, la sua felicità coniugale, accettando della famiglia la condizione, la responsabilità e il peso, e rinunciando per un incomparabile virgineo amore al naturale amore coniugale che la costituisce e la alimenta, per offrire così con sacrificio totale tutta la sua esistenza alle imponderabili esigenze della sorprendente venuta del Messia" (19.3.1969). Giuseppe fissa allora la data della **festa di nozze**. Nozze nella fede e nello Spirito Santo, che custodiscono il grande segreto dell'intervento di Dio nella storia. Il rito è molto semplice, si direbbe una consacrazione scambievole, che dichiara: "con questo anello, consacro me stesso a te secondo la legge di Israele". Si danza e si fa il banchetto dello sposalizio. Certo non manca il vino che allieta il convito. Come è consuetudine, all'ora del tramonto, lo sposo a sera introduce nella sua casa la sposa, nella festa dei parenti e degli amici, con le vergini che portano le lampade accese e non si dimenticano l'olio per accogliere gli sposi. La casa di Giuseppe doveva essere distante nemmeno 500 metri, se accettiamo gli scavi archeologici eseguiti a Nazaret, essendo tale lo spazio che divide la chiesa dell'Annunciazione da quella di san Giuseppe (o della Nutrizione). Sono lieti anche per la parente Elisabetta, che ha partorito da poco un bambino di nome Giovanni, nonostante l'età avanzata. Racconta il Vangelo: "*Quando si destò dal sonno, Giuseppe fece come gli aveva ordinato l'angelo del Signore e prese con sé la sua sposa*" (Mt 1,24). D'ora in poi "prendere Maria per sempre nella propria casa", sull'esempio di Giuseppe più ancora che dell'apostolo Giovanni ai piedi della croce, è la consegna di ogni cristiano. Imparare ad amare in maniera oblativa e non possessiva è la grande lezione che vale per tutti. Benedetto XVI dichiara: "Quando Maria riceve la visita dell'angelo all'Annunciazione è già promessa sposa di Giuseppe. Indirizzandosi personalmente a Maria, il Signore unisce quindi già intimamente Giuseppe al mistero dell'Incarnazione. Questi ha accettato di legarsi a questa storia che Dio aveva iniziato a scrivere nel seno della sua sposa. Egli ha quindi accolto in casa sua Maria. Ha accolto il mistero che era in lei ed il mistero che era lei stessa. Egli l'ha amata con quel grande rispetto che è il sigillo dell'amore autentico. San Giuseppe ci insegna che si può amare senza possedere. Contemplandolo, ogni uomo e ogni donna può, con la grazia di Dio, essere portato alla guarigione delle sue ferite affettive a condizione di entrare nel progetto che Dio ha già iniziato a realizzare negli esseri che stanno vicini a Lui, così come Giuseppe è entrato nell'opera della redenzione attraverso la figura di Maria e grazie a ciò che Dio aveva già fatto in lei" (18.3.2009). Anche per lui vale la disponibilità della sposa manifestata con i fatti: "Ecco il servo del Signore, avvenga di me secondo la tua parola"! (cfr Lc 1,38). Il grande mistero di Cristo unito alla Chiesa (cfr Ef 5,32) trova qui la prima applicazione. I progetti di Dio su quella coppia e sull'intera umanità si stanno attuando. C'è da pensare che questa coppia di Giuseppe e di Maria rinnova quella delle origini della creazione, ossia Adamo ed Eva, ed inaugura il tempo della nuova ed eterna alleanza. Col loro sì ai piani di Dio si avvia la realizzazione messianica di colui che era atteso dai secoli. Possiamo affermare che questa è la coppia più importante della storia, con la quale comincia l'opera della Redenzione. La Redemptoris Custos, seguendo l'insegnamento di Paolo VI, afferma: "Ed ecco che alle soglie del Nuovo Testamento, come già all'inizio dell'Antico, c'è una coppia. Ma, mentre quella di Adamo ed Eva era stata sorgente del male che ha inondato il mondo, quella di Giuseppe e di Maria costituisce il vertice, dal quale la santità si espande su tutta la terra" (RC 7). Dobbiamo poi considerare che i due Sposi non vanno disgiunti. Vale pure per la loro coppia: "*non osi separare l'uomo ciò che Dio ha unito!*" (Mt 19,8). Purtroppo nella pietà dei fedeli spesso ci si ricorda della Madonna e ci si dimentica del suo Sposo, quasi che lei fosse una ragazza-madre! Da qui impariamo come la scelta di vita del matrimonio, appartenente alla maggioranza degli uomini, deve essere vissuta con serietà e nel rispetto del progetto divino. Il modello della coppia di Giuseppe e di Maria di conseguenza va debitamente presentato nei corsi prematrimoniali e nella formazione alla paternità responsabile.

5. IL PROGETTO DI VITA

Se pensiamo a persone attente ai segni di Dio e del tempo, che captano la voce che viene dal Cielo, che sanno ascoltare l'ispirazione dell'anima, che percepiscono anche l'impercettibile, dobbiamo pensare a Maria e Giuseppe. La legge del Signore è da loro studiata e meditata, pregata e vissuta. Sono attenti al suo progetto, lo riconoscono e lo seguono. Sanno che la storia della salvezza, a cominciare da Abramo e da Mosè, è anche la loro storia. La Torah, i comandamenti, la preghiera dei salmi, le vicende dei padri e dei profeti, è il pane della loro vita. Vedono anche negli avvenimenti, nelle regole della comunità giudaica e nelle leggi civili, un disegno di Dio. Perciò sono pronti ad accogliere gli annunci celesti e anche terrestri. Notte e giorno ascoltano la sua voce: "*Beato l'uomo che si compiace della legge del Signore, la sua legge medita giorno e notte. Sarà come albero piantato su corsi d'acqua*" (Sal 1,1). C'è il censimento ordinato dall'imperatore Cesare Augusto, c'è da recarsi nel paese d'origine, da farsi registrare… Tutto è visto con gli occhi della fede; è il Signore che lo vuole e a lui si ubbidisce. Se ci sono difficoltà vuol dire che così deve essere e tutto gli offrono. Non c'è da scoraggiarsi perché Lui aiuterà. Intraprendere la via giusta, seguendo la volontà divina, è l'insegnamento universale che ne proviene.

Fare le proprie scelte di vita, senza interrogarsi sul progetto di Dio, inseguendo i propri desideri o ambizioni, è un grosso rischio. Compito dell'educatore è innanzitutto abilitare a scoprire il senso della vita, la propria vocazione e quello che deve essere il progetto da perseguire. E' così che decidono di andare a Betlemme, nella terra del re Davide e della propria tribù, a pochi chilometri da Gerusalemme. Tutto è provvidenziale. E' lì, dove è nato Davide mille anni prima, il luogo della nascita del Messia. Non per niente l'angelo in sogno lo aveva chiamato con quell'appellativo che lo ricongiunge alle generazioni precedenti e alle antiche promesse:"***Giuseppe, figlio di Davide!***" (Mt 1,19). Appellativo che in seguito passerà a Gesù stesso nella sua vita pubblica (cf Lc 18,38). E' proprio grazie alla discendenza davidica di Giuseppe che è trasmessa al figlio divino il compimento della storia della salvezza. Non è certo l'anello debole della catena genealogica. I vangeli di Matteo e Luca la ricostruiscono e riannodano gli eventi, concludendo: "*Giacobbe generò Giuseppe, lo sposo di Maria, dalla quale è nato Gesù chiamato Cristo*" (Mt 1,16). Sant'Agostino osserva al riguardo: "Abbiamo esposto a sufficienza il motivo per cui non deve turbarci il fatto che le generazioni sono enumerate seguendo la linea genealogica di Giuseppe e non quella di Maria; come infatti essa è madre senza la concupiscenza carnale, così egli è padre senza l'unione carnale. Quindi le generazioni discendono e ascendono tramite lui. Non dobbiamo quindi metterlo da parte perché mancò la concupiscenza carnale" (Sermo 51). Sta esattamente in Giuseppe il punto di congiunzione tra l'antico e il nuovo Testamento, tra quanto prima era stato preparato e il nuovo che comincia. Giuseppe: ultimo erede della promessa, l'ultimo dei patriarchi e il primo dell'era cristiana. Come e più che nella scelta di Davide, il Signore trova in lui "*un uomo secondo il suo cuore*" (cfr 1 Sam 13,14) a cui affidare i tesori più preziosi. Si avvera il disegno di Dio, che da sempre ha pensato a lui e alla sua sposa e li ha prescelti. Bisogna sottolineare l'importanza di questa chiamata che porta san Giuseppe a rappresentare la stessa paternità divina. Dichiara Giovanni Paolo II: "Con queste parole il Padre celeste chiama Giuseppe, discendente della stirpe di Davide, a partecipare, in modo speciale, alla sua eterna paternità" (19.3.1993). E' davvero grande il suo destino. Il viaggio dalla Galilea alla Giudea, da Nazaret a Betlemme, circa 150 km, dura 4 giorni e 3 notti. E' un percorso impervio e comporta un certo rischio, tra le valli e le montagne, il deserto e i predoni. E' rappresentativo del cammino che ognuno deve fare alla ricerca del Signore, che tutti i popoli sono chiamati a fare per scoprire il Salvatore di tutte le genti. E' in perfetta sintonia col tempo liturgico dell'Avvento e del Natale. Un cammino che già si pregusta sull'esempio di Maria e di Giuseppe e in loro compagnia. Richiama pure l'itinerario educativo, con le sue mete e i suoi obiettivi, con le tappe e gli strumenti da approntare, per realizzare il progetto di vita.

6. L'ACCOGLIENZA DEL BAMBINO

A Betlemme, come narra il vangelo di Luca, Giuseppe e Maria non trovano posto dove alloggiare. Dev'essere stata un'esperienza desolante, acuita dal fatto che la moglie è incinta ed è ormai arrivata l'ora del parto. Avrebbero voluto preparare al figlio la migliore accoglienza, ma si vede che quello che conta è il loro cuore accogliente più di ogni altro. Chiunque è rifiutato nel mondo, non è accolto e non trova posto per tanti motivi, può trovare nella loro esperienza a Betlemme il paradigma della loro condizione. Non si ribellano e non disperano, non si lamentano col Signore e continuano a confidare in Lui. Si adattano in una grotta per animali e lì **avviene il Natale** "*nella pienezza del tempo*" (Gal 4,4). In una mangiatoia nasce il Salvatore, tra le braccia dei genitori scelti in questo mondo. La madre e il padre l'accarezzano e lo baciano. Giuseppe certo si dà da fare per rendere più agevole e meno penosa la nascita del figlio. Non è distratto in altre faccende e non fa la parte di semplice comparsa, come a volte lo si raffigura nei presepi o come fosse una cornice in certe rappresentazioni. E' tutto compreso dal mistero che lo avvolge e dai presentimenti di ciò che lo aspetta. Finché non si diventa padri e madri, non si assumono in pieno le responsabilità e non si arriva alla maturità. Ora è il momento giusto per i genitori di fare il passo definitivo. Osserva Benedetto XVI: "Quant'è importante che ogni bambino, venendo al mondo, sia accolto dal calore di una famiglia! Non importano le comodità esteriori: Gesù è nato in una stalla e come prima culla ha avuto una mangiatoia, ma l'amore di Maria e di Giuseppe gli ha fatto sentire la tenerezza e la bellezza di essere amati. Di questo hanno bisogno i bambini: dell'amore del padre e della madre. E' questo che dà loro sicurezza e che, nella crescita, permette la scoperta del senso della vita" (26.12.2010). San Leonardo Murialdo (1828-1900), fondatore di una congregazione intitolata a san Giuseppe, sottolinea: "Da quel momento Giuseppe non vive più che per Gesù; non ha più cura che di lui; egli assume per lui cuore e tenerezza di padre e diviene per affetto ciò che non è per natura". Le promesse si avverano: "*il Verbo si fa carne e viene ad abitare in mezzo a noi*" (Gv 1,14). È questa la Parola che viene rilanciata per sempre, grazie a chi gli fa da padre e da madre. Tutto è avvenuto secondo le profezie, Dio è con noi, grazie anche alla disponibilità di Giuseppe: "*Ecco la vergine concepirà e darà alla luce un figlio, a lui sarà dato il nome di Emmanuele, che significa Dio con noi*" (Mt 1,23). Non deve essere fatta nessuna obiezione sulla paternità di Giuseppe, come è affermato da Giovanni Paolo II: "Giuseppe è il padre. Non è la sua una paternità derivante dalla generazione; eppure essa non è 'apparente', o soltanto 'sostitutiva', ma possiede in pieno l'autenticità della paternità umana, della missione paterna nella famiglia". Continua: "E' contenuta in ciò una conseguenza dell'unione ipostatica: umanità assunta nell'unità della Persona divina del Verbo-Figlio, Gesù Cristo. Insieme con l'assunzione dell'umanità, in Cristo è anche «assunto» tutto ciò che è umano e, in particolare, la famiglia, quale prima dimensione della sua esistenza in terra. In questo contesto è anche «assunta» la paternità umana di Giuseppe". E' un dono ineffabile di cui lui stesso si rende conto un poco alla volta: "Giuseppe, il quale fin dall'inizio accettò mediante 'l'obbedienza della fede' la sua paternità umana nei riguardi di Gesù, seguendo la luce dello Spirito Santo, che per mezzo della fede si dona all'uomo, certamente scopriva sempre più ampiamente il dono ineffabile di questa sua paternità" (RC 21). Da un lato sappiamo che il figlio non è tanto di chi lo fa ma di chi lo cresce, come giustamente dice il detto popolare. Dall'altro occorre considerare che i figli non sono di assoluta proprietà dei genitori, ma piuttosto sono figli di Dio. Afferma Benedetto XVI: "Il bambino non è proprietà dei genitori, ma è affidato dal Creatore alla loro responsabilità, liberamente e in modo sempre nuovo, affinché essi lo aiutino ad essere un libero figlio di Dio". Tanto più nel caso unico di Giuseppe e di Gesù, in cui queste parole sono da prendere alla lettera. Accogliere l'Emmanuele che viene, guardando a Maria e a Giuseppe, è la chiamata per ognuno. I pastori del luogo, avvertiti dagli angeli che annunciano "*una grande gioia*" (Lc 2,10), vi si recano e trovano lì quello che cercano: il Bambino, Maria e Giuseppe (cfr Lc 2,12). Gli angeli proclamano l'evento: "*Gloria a Dio nell'alto dei cieli e pace in terra agli uomini che Egli ama*" (Lc 2,14). I pastori non hanno da portare che piccoli doni, nella loro povertà, ma li offrono con semplicità; soprattutto portano se stessi e la loro gratitudine a quella famiglia che intuiscono come straordinaria, calata dal Cielo sulla terra. In tutti i tempi, tutti sono chiamati a fare questo pellegrinaggio verso quei tre personaggi che compongono la Santa Famiglia. Verso Gesù, Maria e Giuseppe deve andare ciascuno e ogni famiglia, rinnovando quel primo Natale della storia, sull'esempio dei pastori, nel viaggio della propria vita. A quel modello ci si deve rifare, tanto più se si pensa come sia minacciata da più parti l'idea stessa di famiglia, composta da marito e moglie e dai figli, congiunta nel matrimonio. A quell'ideale si deve ispirare ogni comunità cristiana, cementata dal Signore in mezzo ai suoi (cfr Mt 18,20) e dal comandamento dell'amore vicendevole (cfr Gv 15,17), vedendo in quella Famiglia l'icona della Trinità terrestre, immagine di quella celeste. E' un compito ineludibile, da parte di tutti e delle istituzioni preposte, sostenere le famiglie, aiutare i genitori, mettere al centro il bambino e salvaguardarne i diritti. L'accoglienza dell'educatore verso il Bambino, e in Gesù di tutti i bambini, è un principio non negoziabile.

7. LA MIGLIORE PRESENTAZIONE

Dopo otto giorni, secondo la legge di Mosè e con l'aiuto di un esperto (*mohel*), Giuseppe assoggetta il Bimbo alla circoncisione, segno dell'appartenenza al popolo di Dio, e gli impone il nome Gesù. Esercita così la sua paternità a tutti gli effetti: davanti alla Legge e davanti a tutti riconosce suo figlio e riconosce se stesso come padre. D'ora in poi tutti i padri del mondo possono rispecchiarsi in lui. L'angelo in sogno gli aveva indicato quel nome e se lo ricorda bene: "*tu lo chiamerai Gesù, egli infatti salverà il suo popolo dai suoi peccati*" (Mt 1,21). L'etimologia svela la grandezza del suo significato: "Dio Salvatore". E' dunque venuto chi porta la salvezza. Una salvezza che apre a più vasti orizzonti, dato che non riguarda la sopraffazione politica di una nazione (la Palestina), ma la remissione dei peccati del mondo intero. In questa occasione si prega: "Dio nostro, e Dio dei padri nostri, conserva questo bambino al padre suo e alla madre sua ed il suo nome in Israele sia Gesù figlio di Giuseppe. Possa suo padre rallegrarsi in lui, e la madre sua esulti nel frutto del suo seno!". San Giovanni Crisostomo, rivolgendosi a Giuseppe, mette in bocca all'angelo queste parole: "Non pensare che, essendo Egli dallo Spirito Santo, tu sia estraneo a servire il suo piano. Benché tu non apporti nulla alla sua generazione, tuttavia ciò che è proprio del padre, questo ti conferisco. Tu gli darai il nome. Benché, infatti, egli non sia tuo figlio, tu avrai nei suoi riguardi la cura paterna. Perciò, fin dalla stessa imposizione del nome, ti unisco al bambino in luogo di padre". Commenta p. Danieli: "Dio chiedeva a Giuseppe di porre il nome 'Gesù' al bambino. Porre il nome ad un bambino significava accoglierlo come proprio figlio: il Signore affidava dunque a Giuseppe, come figlio, quel piccolo bambino che non aveva padre fra gli uomini. Lo rendeva figlio pienamente suo. Di fronte a tutti, Gesù apparteneva a lui perché figlio di Maria, sua sposa. Per volontà del Signore, Giuseppe era diventato padre rimanendo vergine" (op. cit. p. 53). Paolo VI esalta e definisce il ruolo paterno di Giuseppe: "Diede a Gesù non i natali, ma lo stato civile, la categoria sociale, la condizione economica, l'esperienza professionale, l'ambiente familiare, l'educazione umana" (19.3.1964). Benedetto XVI aggancia l'esempio di san Giuseppe all'impegno educativo di ogni padre di famiglia: "Giuseppe è, nella storia, l'uomo che ha dato a Dio la più grande prova di fiducia, anche davanti ad un annuncio così stupefacente. E voi, cari padri e madri di famiglia che mi ascoltate, avete fiducia in Dio che fa di voi i padri e le madri dei suoi figli di adozione? Accettate che Egli possa contare su di voi per trasmettere ai vostri figli i valori umani e spirituali che avete ricevuto e che li faranno vivere nell'amore e nel rispetto del suo santo Nome?" (19.3.2009). Gli episodi dell'infanzia del Signore che si susseguono non sono dei semplici racconti, ma hanno tutto il sapore di "gesti salvifici", come evidenzia Giovanni Paolo II (cf RC 27): sono effettivamente i "misteri della vita nascosta" di Gesù, come si esprime il titolo del Catechismo della Chiesa cattolica (522-534). Si realizza gradualmente il passaggio dall'antica alla nuova alleanza. Tra i primi beneficiari troviamo proprio san Giuseppe: il padre lo fa circoncidere e lo inserisce nel popolo di Israele; nel medesimo tempo quel Figlio comincia con lui la sua opera di redenzione. Dopo 40 giorni è il momento della purificazione della madre e della **presentazione del bambino al tempio**. I genitori lo portano allora da Betlemme a Gerusalemme per offrirlo al Signore, per il riscatto del primogenito in osservanza della Legge. Giuseppe dona in sacrificio una coppia di tortore o di giovani colombi, l'offerta tipica dei poveri e dei meno abbienti, invece che l'agnello da immolare. Può entrare nella parte riservata agli uomini insieme al figlio nell'atrio degli israeliti ed avvicinarsi al Santo dei santi. Maria rimane più in disparte nel cortile, dove possono entrare le donne. Il vangelo nota che "*il padre e la madre di*

Gesù si stupivano delle cose che si dicevano di lui" (Lc 2,33). E' da notare che Luca li chiama senza mezzi termini "il padre e la madre". Il vecchio Simeone li benedice e scopre che nel bambino è venuta la salvezza, profetizza che sarà segno di contraddizione e aggiunge rivolgendosi alla madre: "*anche a te una spada trafiggerà l'anima*" (Lc 2,35). E' una premonizione gravida di sofferenza per ambedue i genitori, i quali capiscono fin d'ora che la loro via, come quella del figlio, non è affatto facile e spianata. E' interessante anche qui che Luca li definisca in tutta semplicità "genitori". Giovanni Paolo II commenta al riguardo: ""In Giuseppe, chiamato ad essere il padre terreno del Verbo incarnato, si riflette in modo del tutto singolare la divina paternità. Giuseppe è padre di Gesù, perché è effettivamente lo sposo di Maria. Ella ha concepito vergine, per opera di Dio, ma il bambino è anche figlio di Giuseppe, suo legittimo marito; per questo entrambi sono detti nel Vangelo 'genitori' di Gesù (Lc 2,27.41)". E' significativo a questo punto che il Papa lo chiami col titolo forte "padre terreno del Verbo incarnato". C'è da aggiungere che la presentazione al tempio si prolunga oggi in tutti i cristiani, i quali sul modello di Giuseppe e di Maria hanno il compito essenziale di presentare al mondo Cristo, "*luce delle genti*" (Lc 2,32). Qui si trova la funzione sostanziale della Chiesa, chiamata a custodire e a far crescere la presenza del Signore in ogni luogo e in tutta la storia: questa è eminentemente la missione di san Giuseppe. Nella sua figura – come in quella della sua Sposa - è dunque da riconoscere l'Immagine della Chiesa, il nostro dover essere. E' pure un impegno genuinamente ecumenico, rivolto "*a tutti i popoli*", come profetizza Simeone (cf Lc 2,31). Qui d'altronde troviamo l'icona più evidente del nostro santo, che viene raffigurato generalmente col Bambino in braccio. Davvero san Giuseppe viene a noi con la sua paternità educativa, non porta se stesso ma Gesù. Non c'è presentazione migliore di questa!

8. CUSTODE E PROTETTORE

Poco dopo avviene l'arrivo dei Magi a Betlemme. La venuta di questi sapienti che vengono da Paesi lontani, indica la chiamata di tutti i popoli a riconoscere in Gesù il Salvatore: l'epifania, la sua manifestazione. Si fanno guidare da una stella, dal Cielo, alla ricerca del Signore. Maria e Giuseppe rappresentano nell'arco dei secoli questa stella che guida ogni uomo. Diciamo che Giuseppe rimane più sullo sfondo, come un'ombra e come è il suo stile; non si tira indietro davanti alla sua cura paterna e a quanto gli compete nella sua autorità di capofamiglia, ma non ha la smania del protagonista e sa stare umilmente al suo posto. Sa rappresentare - con discrezione - "l'ombra del Padre", la "nube" che porta la sua presenza, come nuova teofania. Nel quadro della Santa Famiglia, si può dire che la sua parte è quella dell'ombra che stempera lo splendore degli altri due personaggi. I magi portano oro, incenso e mirra; se ne servirà per affrontare le prime emergenze. Avvertono i genitori delle cattive intenzioni del re Erode, che intende mantenere il proprio potere a scapito degli innocenti. Giuseppe in questo periodo si era dedicato ad aggiustare una casa per dimorarvi, ma ora le cose cambiano. Un angelo (sarà forse lo stesso della prima volta) gli appare in sogno e gli dichiara la volontà di Dio: «*Àlzati, prendi con te il bambino e sua madre, fuggi in Egitto e resta là finché non ti avvertirò: Erode infatti vuole cercare il bambino per ucciderlo*" (Mt 2,13). Giuseppe non perde tempo, subito si alza, nella notte, prende il bambino e sua madre e si rifugia in Egitto, all'incirca a una decina di giorni di cammino. Colpisce questo suo immediato eseguire quello che il Signore gli domanda. Se c'è un modello di chi non fa altro che la volontà di Dio, sempre, subito e con gioia, questo modello straordinario è proprio san Giuseppe. Non ha tentennamenti e indecisioni, la prontezza lo distingue, questo è il suo stile e la via che percorre senza sbandare. Ognuno in effetti sul suo esempio ha da seguire la volontà di Dio come bussola permanente che indica il cammino: possiamo dire che questa è la vocazione comune, il destino universale, il progetto di vita a cui deve richiamare ogni educatore. Il fatto che Gesù, Giuseppe e Maria si recano in Egitto, rinnova la storia delle origini di Israele, quando circa 1800 anni prima i 12 figli di Giacobbe si rifugiano in terra egiziana a causa della carestia, quando l'antico Giuseppe, prefigurazione di Cristo e del nostro santo, accoglie lì i suoi fratelli. La sua famiglia si salva grazie a lui. Ed ora la Santa Famiglia si salva grazie al nuovo Giuseppe. Tutti e due imparano a leggere i segni di Dio nei sogni e li sanno interpretare. Tutti e due trovano rifugio in Egitto. Tutti e due difendono la castità. Tutti e due sono salvatori della famiglia loro affidata. Diciamo pure che entrambi sono protettori della loro discendenza: salvatori dell'antico e del nuovo popolo di Dio. Verso ambedue si può rivolgere l'invito biblico: "*Andate da Giuseppe. Fate ciò che vi dirà*" (Gen 41,45), o anche: "*la nostra salvezza è nelle tue mani*" (Gen 47,25).

Vale pure per il nostro Giuseppe la benedizione del patriarca Giacobbe: "*Le benedizioni di tuo padre sono superiori alle benedizioni dei monti antichi, alle attrattive dei colli perenni. Vengano sul capo di Giuseppe e sulla testa del principe tra i suoi fratelli!*" (Gen 49,25-26). E ancora: si potrà trovare in definitiva un padre come lui? "*Potremo trovare un uomo come questo, in cui sia lo spirito di Dio?*" (Gen 41,37). E' significativa la sua definizione: "*Germoglio di ceppo fecondo è Giuseppe*", figlio che cresce e di grande bellezza (cfr Gen 49,22). Anche il sogno sul sole e la luna, con le 11 stelle che gli si prostrano davanti (cfr Gen 37,9), sembra prefigurare la gloria del destino di entrambi. Giustamente san Giuseppe è proclamato Patrono di tutta la Chiesa nel mondo. Come ha protetto allora la Santa Famiglia, così sempre protegge i suoi figli, la famiglia di Dio oggi sparsa sulla terra (cfr Leone XIII, enciclica Quamquam pluries). C'è da riflettere pure sul fatto che Giuseppe in Egitto, forse nella zona del Cairo dove si tramandano i ricordi della Santa Famiglia, prova sulla sua pelle la condizione di straniero ed emigrato, si direbbe di rifugiato politico, in condizioni avverse. Si adatta e vive con fede la situazione di disagio e sofferenza, trovandosi senza una casa e un lavoro, domandandosi continuamente che cosa Dio gli chiede. Nonostante l'ingiustizia subita, il lavoro precario e sottopagato, lo sfruttamento nel guadagno risicato e nella retribuzione, si dà da fare con coraggio e pazienza. Con gli stranieri impara anche un po' di latino e greco. E' un uomo forte e pieno di risorse. La professionalità non gli manca e la affina con esperienze diverse. Sa cogliere il bene da tutto e da tutti. A lui possono rivolgersi con fiducia, dato che conosce i loro problemi e sentirlo assai vicino, tutti quelli che soffrono, esuli, immigrati, disoccupati, sfruttati ed oppressi. Anche chi patisce ingiustizie per lo strapotere dei corrotti e dei prepotenti, chi è coinvolto in una "strage degli innocenti" che si perpetua per colpa di qualche "Erode" di turno, può affidarsi alla sua protezione. Giovanni Paolo II ha chiamato Giuseppe "Custode del Redentore", nella lettera apostolica a lui intitolata. E' una bella definizione, che gli calza a pennello, specie in questo frangente **dell'esilio in Egitto**. Davvero custode e protettore, scudo e difensore, del Figlio divino venuto per redimere gli uomini. Riconoscendo la sua funzione, chiaramente al servizio del mistero dell'Incarnazione, viene dichiarato dal Papa "ministro della salvezza" (RC 8). Nella Redemptoris Custos afferma: "Come Israele aveva preso la via dell'esodo, dalla condizione di schiavitù, per iniziare l'Antica Alleanza, così Giuseppe, depositario e cooperatore del mistero provvidenziale di Dio, custodisce anche in esilio colui che realizza la Nuova Alleanza" (RC 14). Cristo risorto, sempre vivo ed operante, rimane con noi "*tutti i giorni, fino alla fine del mondo*" secondo l'espressione del Vangelo (Mt 28,20). Nell'attuale società, complessa e non di rado secolarizzata, dove non manca chi vorrebbe estromettere Gesù e la fede in Lui, è necessaria la missione di san Giuseppe che lo difende e lo protegge, con la sua opera di intercessore dall'alto e attraverso i suoi fedeli che combattono col suo aiuto e il suo esempio. Dice Benedetto XVI: "La santa Famiglia di Nazareth ha attraversato molte prove, come quella – ricordata nel Vangelo secondo Matteo – della "strage degli innocenti", che costrinse Giuseppe e Maria ed emigrare in Egitto (cf 2,13-23). Ma, confidando nella divina Provvidenza, essi trovarono la loro stabilità e assicurarono a Gesù un'infanzia serena e una solida educazione" (26.12.2010). Altra ispirazione che la fuga in Egitto rilancia è l'incontro con altri popoli, di razze e religioni diverse, che nel dialogo e nel rispetto reciproco porta a diffondere l'accoglienza e la fede. Il contatto con altre credenze e tradizioni educa pure all'apertura verso il pluralismo, l'ecumenismo e l'impegno interreligioso. Non è da trascurare pure il legame che Giovanni Paolo II fa partendo da questo episodio, riguardante la difesa della vita, e la lotta contro l'aborto e l'eutanasia: "Giuseppe di Nazaret, che salvò Gesù dalla crudeltà di Erode, ci si presenta in questo istante come un grande sostenitore della causa della difesa della vita umana, dal primo istante del concepimento sino alla morte naturale" (4.6.1997). Morto il re Erode, di nuovo l'angelo gli appare in sogno e gli dice: «*Àlzati, prendi con te il bambino e sua madre e va' nella terra d'Israele; sono morti infatti quelli che cercavano di uccidere il bambino*» (Mt 2,20). Ovviamente Giuseppe si alza, prende il bambino e sua madre e torna in Israele. Si rinnova così come un nuovo Esodo verso la terra promessa, un altro Mosè che porta la nuova Legge nel figlio divino, si prepara l'entrata del vero liberatore. Prende nuova luce la profezia: "*Dall'Egitto ho chiamato mio figlio*" (Mt 2,15). Al posto di Erode regna il figlio Archelao, da cui conviene stare alla larga. La paura però non lo blocca, agisce con prudenza, non si ferma in Giudea e si stabilisce in Galilea, il luogo d'origine prima della nascita di Gesù. Lì risistemano la loro casa e mettono tutto in ordine, dopo alcuni anni di assenza. "*Avvertito poi in sogno, si ritirò nella regione della Galilea e andò ad abitare in una città chiamata Nazaret, perché si compisse ciò che era stato detto per mezzo dei profeti: «Sarà chiamato Nazareno»* (Mt 2,22-23). Gesù verrà presentato da questo momento col nome del padre e di quella località: "*Gesù, figlio di Giuseppe di Nazaret*" (Gv 1,45). Come sempre, è avvertito da un angelo. Come è importante ascoltare la voce degli angeli! Come è tutta un'altra cosa quando l'esistenza è affidata a loro – che sono i nostri custodi - e guidata dalla loro protezione. Anche questo è un insegnamento prezioso del Custode del Redentore, che si potrebbe addirittura chiamare "salvatore del Salvatore". Il Servo di Dio Eugenio Reffo, da considerare un maestro di spiritualità Giuseppina, nella tragedia della prima guerra mondiale, quando parecchi confratelli erano al fronte, rammentava loro l'esilio in Egitto vissuto da san Giuseppe e li aspettava al ritorno a casa come a una nuova Nazaret (cfr A. Catapano, Per amore di san Giuseppe, 2006, p. 119)). Sono veramente grandi i sogni di Giuseppe, attraverso i quali si compiono i disegni di Dio. Si capisce la lezione del nostro santo: quella di alzarsi e rialzarsi, senza fermarsi e scoraggiarsi; quella di ricominciare sempre, dopo ogni caduta. Rimane pure un valore educativo da non trascurare, nei confronti dell'emigrazione e di un ideale di integrazione dell'umanità, quello del mondo unito, quello di essere aperti verso il diverso e accoglienti con lo straniero. Si apre non una via di sopraffazione e oppressione, ma di giustizia e di pace; come dice il salmo per la venuta del Messia: "*Amore e verità s'incontreranno, giustizia e pace si baceranno. La verità germoglierà dalla terra e la giustizia si affaccerà dal cielo*" (Sal 84). E' l'anticipo della beatitudine che sarà proclamata più tardi e che qui Giuseppe realizza: "*Beati i perseguitati per la giustizia, perché di essi è il regno dei cieli*" (Mt 5,10). Quando si è più piccoli e indifesi, più a rischio e minacciati, c'è assoluto bisogno di chi sappia proteggere. Chi meglio del nostro santo, Custode e Protettore per antonomasia?

9. SCUOLA IN FAMIGLIA

Seguiamo ora il Vangelo di Luca. E' bello il quadretto da lui riportato: "*Il bambino cresceva e si fortificava, pieno di sapienza, e la grazia di Dio era su di lui*" (Lc 2,40). E' bello considerare che a questa crescita di Gesù hanno contribuito certamente i suoi genitori. Sono così uniti nei loro intenti da essere un cuor solo e un'anima sola. Il compito educativo li caratterizza ambedue. Seguendo il principio dell'incarnazione, il bambino ha preso carne e si è fatto uno di noi, nella **Famiglia di**

Nazaret, naturalmente come tutti i bambini di questo mondo. Avrà strillato e pianto, imparato a parlare e a camminare, giocato e scherzato, sarà stato educato ed istruito, tra le braccia e le carezze del padre e della madre, probabilmente più della madre che del padre, nel periodo dello svezzamento e della prima infanzia fino ai 5 anni. Quante volte i genitori gli saranno stati vicini per dargli da mangiare e da bere, per coprirlo e accompagnarlo, per farlo svegliare ed addormentare, per insegnargli a leggere e a scrivere l'aramaico, per sostenerlo a scuola o farlo giocare con i compagni. Lo abituano presto a collaborare nelle faccende di casa, prendere l'acqua dal pozzo, portare l'olio per la lampada e la legna per il fuoco. Lo nutrono con pane d'orzo, latte e miele, uova e verdure, frutta e a volte carne o pesce. A volte Giuseppe gli avrà lavato i piedi e avrà ricevuto da lui questo servizio. Avrà avuto da prendersi cura del suo corpo per vestirlo, per proteggerlo dal freddo e per alleviarlo al momento del bisogno. L'avrà preso tra le braccia e innalzato, l'avrà fatto adagiare sul suo petto e riposare sulla sua spalla. Gli avrà preparato i sandali, lo avrà aiutato a metterli e a toglierli. Il papà gli avrà pure costruito qualche piccolo giocattolo di legno. Indubbiamente è stato il sicuro sostegno del figlio e della madre. Come Giuseppe e Maria possono dire in tutta verità e autorevolezza: "*Ciò che noi abbiamo contemplato e ciò che le nostre mani hanno toccato, ossia il Verbo della vita, lo annunziamo anche a voi, perché anche voi siate in comunione con noi*"! (1 Gv 1,1-3). L'esperienza della Famiglia di Nazaret e nell'arco dei secoli di tanti santi, da san Bernardino da Siena (1380-1444) a santa Teresa d'Avila (1515-1582), da sant'Andrea Bessette di Montréal (1845-1937) a madre Teresa di Calcutta (1910-1997), hanno visto in lui "il padre della Provvidenza"; a lui si sono affidati per cercare casa, per cominciare fondazioni, per trovare aiuto o guarigione, per risolvere problemi economici, e non ne sono stati delusi. E' da ricordare pure la fiducia estrema che riponeva in lui il famoso architetto Antonio Gaudì (1852-1926) nell'immane edificazione del tempio della Sacra Famiglia a Barcellona. D'altra parte la sua paternità è riconosciuta da tutti, come asserisce il Vangelo: "*Gesù era figlio, come si credeva, di Giuseppe*" (Lc 3,23). Da qui nasce il termine "putativo", cioè ritenuto e creduto quale padre. E ancora in Giovanni: "*Costui non è forse Gesù, il figlio di Giuseppe? Di lui non conosciamo il padre e la madre?*" (Gv 6,42). Se il Signore si ricorda anche di chi gli ha offerto solo un bicchiere d'acqua (cfr Mc 9,41), tanto più al giudizio finale dice a Giuseppe: "*Vieni, benedetto dal Padre mio, ricevi il* *premio preparato per te dalla fondazione del mondo. Perché ho avuto fame e mi hai dato da mangiare, avevo sete e mi hai dato da bere, ero nudo e mi hai vestito, ero malato e mi hai curato*". (cfr Mt 25). Giovanni Paolo II sottolinea il ruolo educativo della famiglia che diventa come una scuola: "Certamente nella Sacra Famiglia di Nazaret c'era non soltanto il lavoro, ma c'era anche una scuola, la prima scuola e la più importante di tutte le scuole. Nelle scuole si imparano molte cose, diverse ed importanti scienze. Ma nella famiglia si impara l'umanità, si impara ad essere uomo. In questo tipo di insegnamento la famiglia è insostituibile. San Giuseppe era certamente 'direttore' di questa scuola d'umanità. Era privilegiato perché ha potuto insegnare l'umanità al Figlio di Dio" (18.1.1981). In un'altra occasione evidenzia come questa paternità educativa simboleggi il prototipo nella consegna dei valori tra le generazioni: "Giuseppe di Nazaret e Gesù di Nazaret, eccoli insieme. E' un simbolo, una cosa simbolica e profonda che tocca tutte le generazioni. E' quasi il trasferimento dei contenuti, dei valori, soprattutto umani, quello che si fa tra i padri ed i figli: Giuseppe e Gesù. Questa è una catena per conservare, per approfondire e per arricchire sempre la nostra umanità" (19.3.1993). In quella Famiglia insuperabile trova ispirazione tutta la Chiesa che impara ad agire come comunità cristiana attenta al suo interno ai rapporti di fraternità. Vi trova il suo modello ideale anche la comunità educativa se intende essere tale. Nel documento finale dell'ultimo Capitolo generale dei Giuseppini del Murialdo si afferma: "La nostra è una spiritualità educativa che vede nella famiglia di Nazaret il modello per essere educatori con il cuore di San Giuseppe, maestro di spiritualità per la nostra vita". La casa non può essere ridotta a un albergo, dove ci si ritira solo per mangiare e dormire, ma è una scuola di vita. Nella Santa Famiglia, nell'alunno Gesù che impara dai suoi genitori, tutti possono trovare una vera e propria "scuola di famiglia", della quale diventare assidui studenti.

10. LO SVILUPPO RELIGIOSO

Per quanto riguarda lo sviluppo religioso, le tappe sono state poi fissate dal Talmud: "A 5 anni si è pronti per la Scrittura; a 10 per la Mishna; a 13 per i comandamenti; a 15 per il Talmud; a 18 per il baldacchino nuziale". Crescendo e fortificandosi il figlio, i genitori lo hanno anche **educato nella fede**, gli hanno raccontato la storia della salvezza, gli hanno insegnato a pregare. Il ragazzo impara un po' alla volta l'ufficio del mattino e le 18 benedizioni. Più volte al giorno, entrando e uscendo da casa, mettendosi a tavola, genitori e figlio hanno ringraziato Dio: "*Sia benedetto il santo Nome del Suo Regno per sempre ed in eterno*". Al mattino e alla sera, mettendosi in piedi e rivolti verso Gerusalemme, hanno ripetuto lo Shemà: "*Ascolta, Israele, il Signore è il nostro Dio, unico è il Signore. Tu amerai il Signore tuo Dio con tutto il cuore, con tutta l'anima e con tutte le forze. Questi precetti che oggi ti do, ti stano fissi nel cuore. Li ripeterai ai tuoi figli, ne parlerai quando ti troverai in casa tua, quando camminerai per via, quando ti coricherai e quando ti alzerai. Te li legherai alla mano come un segno, ti saranno come un pendaglio tra gli occhi, e li scriverai sugli stipiti della tua casa e sulle tue porte*" (Deut 6,4-9). I genitori gli hanno trasmesso al momento giusto, con le parole e con i fatti, il cuore della Legge e dei profeti: "*Se toglierai di mezzo a te l'oppressione, il puntare il dito e il parlare empio, se offrirai il pane all'affamato, se sazierai chi è digiuno, allora brillerà fra le tenebre la tua luce, ti guiderà sempre il Signore*" (Is 58,9-11). Sulle ginocchia del papà e della mamma, in campo socio-affettivo, il figlio apprende innanzitutto l'arte di amare, cominciando dalle occasioni comuni d'ogni giorno e dalle persone più vicine. Gesù da ragazzo impara l'attenzione per i piccoli e i poveri, gli orfani e le vedove, anche per i nemici e chi è ostile. Già in casa e poi col prossimo ha respirato una logica spiazzante, in cui il primo non è chi comanda ma chi si mette al servizio. A rigore Giuseppe avrebbe dovuto essere il terzo personaggio della Santa Famiglia, rispettando la dignità di ciascuno. Eppure è il primo, è il capofamiglia. Ma il suo primeggiare è diverso, non fa da padrone, esercita la sua autorità paterna come carità. E allora in quella famiglia divina c'è tutta un'altra gara: a chi serve di più. E' l'assaggio e il bozzetto di un mondo ideale in cui regna l'amore. I loro rapporti reciproci sono avvolti dall'aureola della santità. P. Giuseppe Danieli osserva: "Quando l'eterno e santo Figlio di Dio, volle scendere in questo nostro mondo ingiusto e fragile, tra noi peccatori, e farsi piccola creatura nel grembo di una donna, il Signore affidò a Maria e a Giuseppe il compito di educarlo e di introdurlo alla vita religiosa d'Israele. Maria e Giuseppe lo educarono alla preghiera, all'obbedienza, al lavoro, alla donazione fino al sacrificio, all'amore verso Dio e verso il prossimo. Dal Signore del Cielo e della terra, Maria e Giuseppe ebbero il compito di educare il Verbo eterno all'amore! Dovevano essere, dunque, arricchiti nel modo più alto, dallo stesso Dio, dalla capacità d'amare" (op. cit. p. 30). Il papa Benedetto XVI evidenzia: "Pensiamo a san Giuseppe, l'uomo giusto che Dio pose a capo della sua casa. Dall'esempio forte e paterno di Giuseppe, Gesù imparò le virtù della pietà virile, della fedeltà alla parola data, dell'integrità e del duro lavoro. Nel falegname di Nazareth poté vedere come l'autorità posta al servizio dell'amore sia infinitamente più feconda del potere che cerca di dominare. Quanto bisogno ha il nostro mondo dell'esempio, della guida e della calma forza di uomini come Giuseppe!" (14.5.2009). Alla scuola di Giuseppe si impara in effetti la "pedagogia dell'amore". Dichiarano i Giuseppini: "Coscienti che la nostra spiritualità educativa considera i giovani poveri come "luogo teologico" del nostro incontro con Cristo, come Giuseppini viviamo la nostra missione nella "pedagogia dell'amore", centrati nell'educazione del cuore e recuperando la figura di San Giuseppe come modello ed educatore, ma anzitutto come nostro educatore". Accompagnato dal padre, Gesù ha cominciato ad osservare il sabato e ad andare in sinagoga. Ha celebrato i riti e le feste: quella degli Azzimi, delle Settimane, delle Capanne. Ha rispettato il riposo del settimo giorno, come pure le prescrizioni alimentari. Si è esercitato nelle opere di misericordia. Ha distinto in campo morale il bene e il male, ciò che è puro o impuro, ciò che è giusto o sbagliato. Ha capito l'importanza della sincerità e ha condannato l'ipocrisia. Ha imparato come si indossano frange e filatteri. Ha rinnovato ogni anno la Pasqua. Nella notte pasquale il figlio ha fatto le sue domande al padre secondo la Scrittura: "*Quando tuo figlio un domani ti chiederà: 'che significa ciò?', tu gli risponderai: con la potenza del suo braccio il Signore ci fatto uscire dall'Egitto, dalla condizione servile*" (Es 13,14). Il padre era chiamato a benedire i figli, la tavola, la casa, nelle varie circostanze. Benedetto XVI afferma: "Giuseppe ha compiuto pienamente il suo ruolo paterno, sotto ogni aspetto. Sicuramente ha educato Gesù alla preghiera, insieme con Maria. Lui, in particolare, lo avrà portato con sé alla sinagoga, nei riti del sabato, come pure a Gerusalemme, per le grandi feste del popolo d'Israele. Giuseppe, secondo la tradizione ebraica, avrà guidato la preghiera domestica sia nella quotidianità – al mattino, alla sera, ai pasti -, sia nelle principali ricorrenze religiose" (28.12.2011). Con efficace espressione l'orazione dopo la Messa nel vecchio messale romano diceva: "Ciò che numerosi re e profeti desiderarono vedere e non videro, fu concesso a lui, Giuseppe, che non solamente lo vide e lo udì, ma lo portò, lo guidò nei suoi passi, lo abbracciò, lo baciò, lo nutrì e vegliò su di lui". E' bello vedere san Giuseppe che porta Gesù più grandicello e lo guida con la mano, da vero padre e saggio educatore, come a volte viene raffigurato. Nota il Murialdo: "Quali soavi affetti non dovevano suscitarsi nel cuore di Giuseppe, allorché egli sentiva chiamarsi col nome di padre da colui che egli venerava come Dio! Quale gioia per lui vederlo tutto il giorno accanto a sé, abitare sotto lo stesso tetto, sedersi alla stessa mensa! Con quanto affetto non si sarà rivolto a Gesù con il caro nome di figlio?". Come è fondamentale nello sviluppo evolutivo questo rapporto padre-figlio, la presenza del genitore e di una guida paterna che accompagna la crescita di ognuno. Come la lamentata assenza del padre o la sua inconsistenza può portare a tanti squilibri in ambito educativo! Lo sanno bene quelli che hanno da fare con le famiglie distrutte, con i genitori divorziati e i figli che ne pagano le conseguenze. Su questo argomento è interessante quanto scrive ancora Giovanni Paolo II: "Come ogni bambino, Gesù ha appreso dai genitori le nozioni fondamentali del vivere e lo stile di comportamento. E come non pensare, con intima meraviglia, che la sua perfetta obbedienza alla volontà di Dio egli l'abbia maturata sotto il profilo umano, soprattutto seguendo l'esempio del padre Giuseppe 'uomo giusto'. Cristo, che in quanto Dio faceva direttamente esperienza della Paternità divina nel seno della Santissima Trinità, visse quest'esperienza in quanto uomo attraverso la persona di Giuseppe suo padre davidico. E Giuseppe, a sua volta, nella casa di Nazaret, offrì al bambino che gli cresceva accanto il sostegno del suo equilibrio virile, della sua lungimiranza, del suo coraggio, delle doti proprie di ogni buon padre, attingendole a quella fonte suprema 'da cui ogni paternità nei cieli e sulla terra prende nome' (Ef 3, 15). Grande compito, questo della paternità, al quale non pochi genitori, oggi, sono tentati di abdicare, optando per un rapporto 'alla pari' con i figli, che finisce per privare questi ultimi di quel sostegno psicologico e di quell'appoggio morale, di cui abbisognano per superare felicemente la fase precaria della fanciullezza e della prima adolescenza" (19.3.1993). Da qui scaturisce una forte provocazione: vogliamo crescere anche noi? Facciamo come Gesù nella Santa Famiglia. In questo contesto diventiamo "bambini" (cf Mt 18,3) e mettiamoci in mezzo a Maria e Giuseppe. Apprendiamo l'insegnamento giusto che proviene dalla loro maternità e paternità. In questo spazio provvidenziale diventiamo "figli nel Figlio", secondo l'espressione di san Paolo: "*che voi siete figli lo prova il fatto che Dio mandò nei nostri cuori lo Spirito del suo*

Figlio, il quale grida 'Abbà, Padre'!" (Gal 4,6). Sta qui la più bella garanzia della nostra crescita, umana e cristiana, nello sviluppo religioso e da tutti i punti di vista.

11. PERDITA E RIPRESA

In occasione della Pasqua c'è il pellegrinaggio annuale al tempio di Gerusalemme. Diventato più grandicello, anche Gesù vi partecipa. Quando compie 12 anni, racconta il Vangelo di Luca, accade un episodio che sa di mistero. Dopo essersi recati al tempio col figlio, sulla via del ritorno, nella confusione della carovana, i genitori si accorgono che manca Gesù. Per tre giorni lo cercano affannosamente dappertutto ma inutilmente. Sono giorni di passione. Avrebbero preferito perdere se stessi piuttosto che il figlio tanto amato. Nella desolazione si affidano a Dio che conosce ogni tribolazione. Il senso di colpa e di vuoto però li attanaglia, il battito del cuore diventa frenetico, l'angoscia li assale. Finalmente lo ritrovano al tempio, con i maestri della legge, che si stupiscono della sua intelligenza, delle sue domande e delle sue risposte. La madre gli dice: "*Figlio perché ci hai fatto questo?* ***Tuo padre ed io, angosciati, ti cercavamo!***". Maria esprime senza mezze misure l'angoscia del loro cuore per la sua assenza inspiegabile e con rispetto pone innanzi il padre e il suo dolore: il padre, da lei riconosciuto effettivamente tale, senza circonlocuzioni, e il marito che in tutto e per tutto è il loro sostegno. Gesù però risponde: «*Perché mi cercavate? Non sapevate che io devo occuparmi delle cose del Padre mio?*». Il vangelo aggiunge che essi non comprendono le sue parole (cf. Lc 2,41-50). I genitori conservano questi fatti nel loro cuore. Li meditano e si interrogano sul loro significato. Li ricordano per lunghi anni. Certo qui non si tratta di una ragazzata o di una risposta impertinente, ma piuttosto si evidenzia il progressivo formarsi dell'identità del Figlio di Dio. D'altronde è esperienza comune il fatto che fa parte della fase adolescenziale e della crescita della personalità l'affermarsi della propria identità, in particolar modo rispetto ai genitori. Commenta Benedetto XVI: "Da allora, possiamo immaginare, la vita nella Santa Famiglia fu ancora più ricolma di preghiera, perché dal cuore di Gesù fanciullo – e poi adolescente e giovane – non cesserà più di diffondersi e di riflettersi nei cuori di Maria e di Giuseppe questo senso profondo della relazione con Dio Padre. Questo episodio ci mostra la vera situazione, l'atmosfera dell'essere col Padre. Così la Famiglia di Nazaret è il primo modello della Chiesa in cui, intorno alla presenza di Gesù e grazie alla sua mediazione, si vive tutti la relazione filiale con Dio Padre, che trasforma anche le relazioni interpersonali, umane" (28.12.2011). E ancora: "Domandiamoci: da chi aveva appreso Gesù l'amore per le "cose" del Padre suo? Certamente come figlio ha avuto un'intima conoscenza del Padre suo, di Dio, una profonda relazione personale permanente con Lui, ma, nella sua cultura concreta, ha certamente imparato le preghiere, l'amore verso il Tempio e le Istituzioni di Israele dai propri genitori. Dunque, possiamo affermare che la decisione di Gesù di rimanere nel Tempio era soprattutto frutto della sua intima relazione col Padre, ma anche frutto dell'educazione ricevuta da Maria e da Giuseppe" (27.12.2009). Osserva Eugenio Reffo, soffermandosi sul dolore dei genitori: "Per comprendere questo dolore, bisognerebbe comprendere l'amore che Giuseppe portava a Gesù: amore naturale di padre, il più tenero che si possa concepire in un uomo; amore elevato a grado soprannaturale dalla grazia di Dio, la maggiore che sia mai stata largita ad un uomo; amore divinamente corrisposto dal Cuore dolcissimo di Gesù: fu l'oggetto di questo amore che San Giuseppe perdette nella perdita di Gesù. Conosceva egli chi fosse Gesù, e che cosa perdesse in Lui: il suo unico bene, il suo tutto, mille e milioni di volte più di se stesso". Ogni volta che siamo smarriti, perdiamo il figlio amato e ciò a cui teniamo di più, o sentiamo Dio lontano e assente nell'aridità spirituale, quando nell'azione educativa cerchiamo i ragazzi sbandati o perduti di oggi in cui vediamo Gesù, ragazzo e adolescente, siamo ben rappresentati dall'angoscia sofferta da Giuseppe e da Maria. I Giuseppini del Murialdo affermano: "Come Maria e Giuseppe, anche noi con passione ed ansia cerchiamo Gesù, nascosto nel volto dei ragazzi e dei giovani, soprattutto quelli emarginati. Lo cerchiamo con la preoccupazione del "*ne perdantur*", affinché abbiano pienezza di vita". Il superiore generale p. Mario Aldegani, scorge in questo episodio un'icona del compito educativo: "Ecco, proprio qui, in questo impegno e in questa fatica, mi pare di sentire che san Giuseppe è il nostro modello di educatori di ragazzi e di giovani ai quali siamo chiamati a dare la nostra vita, con piena generosità, rispettando fino in fondo il loro "mistero", cercandoli con amore sulle loro strade e accettando anche di essere sconfitti, per non sapere, per non aver saputo o capito fino in fondo la loro vera strada. Qui è il sogno e l'impegno più grande di ogni padre e di ogni educatore cristiano: che un figlio prenda in mano la propria vita e ne riconosca il senso nel riconoscimento della sua vocazione fondamentale: essere figli del Padre" (19.3.2012). Ritorna qui in qualche modo la prova tremenda di Abramo davanti al sacrificio di Isacco (cfr Gen 22,13), la "potatura" che dobbiamo affrontare per portare più frutto come dice il Vangelo (cfr Gv 15,2), la "notte dello spirito" secondo l'espressione di san Giovanni della Croce. A me pare che questo sia un mistero riguardante innanzitutto san Giuseppe. Mentre Maria arriverà fino ai piedi della croce, lui no. In quei tre giorni di assenza del Figlio sono prefigurati infatti i tre giorni cruciali della sepoltura dalla morte alla risurrezione. E' un anticipo del mistero pasquale che avverrà vent'anni dopo. E' un fatto significativo da non dimenticare, specie adesso, a 2000 anni dal suo accadimento. E' pure un monito sulla speciale paternità di Giuseppe. E' vero che rappresenta il Padre celeste, ma è pur sempre a Dio che occorre fare riferimento e a Lui innanzitutto bisogna ubbidire. E' una lezione che Giuseppe intuisce: d'ora in poi il suo compito paterno deve diminuire, mentre il Figlio deve crescere, similmente a quanto afferma Giovanni Battista al termine della sua missione: "*Lui deve crescere e io diminuire!*" (Gv 3,30). Se non diminuisse nel servizio della sua paternità educativa, non permetterebbe a Cristo di manifestarsi. Finora il padre terreno gli ha fatto da maestro ed educatore, ora deve cominciare a diventare suo alunno e discepolo, figlio nel Figlio. Un percorso che durerà anni interi, fino alla sua morte. L'angoscia sofferta per la perdita del figlio fa parte del mistero della croce ed è l'apice di ogni perdita; solo superandola sarà possibile arrivare alla gioia del ritrovamento.. Diventerà una pedana di lancio per ricominciare la sua ripresa.

12. IL DOVERE E IL LAVORO

Al ritorno da Gerusalemme, è ora di ricominciare. Gesù, come narra Luca, "*scende con i genitori e va a Nazaret e sta loro sottomesso*" (Lc 2,51). Sant'Agostino commenta: "Erano entrambi i suoi genitori coloro ai quali Cristo era sottomesso, per la degnazione per cui era figlio dell'uomo. Giuseppe non solo doveva essere padre ma doveva esserlo in sommo grado, perché con l'animo compiva meglio ciò che altri desiderano compiere con la carne". Sua madre custodisce tutte queste cose nel suo cuore condividendole col suo sposo. E' tipico dello spirito mariano e giuseppino questo "vivere dentro". Coltivare la vita interiore, evitando la superficialità, è un principio fondamentale che si impara alla loro scuola. Gesù ha imparato ad osservare i comandamenti, in particolare in casa sa bene di dover onorare il padre e la madre. Tanta gioventù di oggi pare che voglia invece comandare sui genitori. Come si ribaltano spesso le cose! Gesù insegna che occorre stare al proprio posto. Il fatto che "scende" a Nazaret evoca tutta una scelta divina: quella di scendere nell'umiltà e nel nascondimento, nel silenzio e nell'ubbidienza, in un luogo e in una Famiglia che assurgono a ideale di vita. Qui si vive la quotidianità, con l'arte di fare la volontà di Dio nel momento presente, giorno per giorno. Non c'è altro più importante da fare. La "piccola via" di santa Teresa di Gesù Bambino e la scelta del deserto di Charles De Foucauld si riannodano a questo punto. D'altra parte non è da pensare che, trattandosi del Figlio di Dio, non abbia avuto bisogno di essere educato, almeno sul piano umano, nel suo sviluppo di adolescente. Giovanni Paolo II infatti rileva: "Il mistero dell'Incarnazione ci rivela che il Figlio di Dio è venuto nel mondo in una condizione umana del tutto simile alla nostra, eccetto il peccato (cfr Eb 4,15). Come avviene per ogni essere umano, la crescita di Gesù, dall'infanzia fino all'età adulta (cfr Lc 2,40), ha avuto bisogno dell'azione educativa dei genitori. Il Vangelo di Luca, particolarmente attento al periodo dell'infanzia, narra che Gesù a Nazaret era sottomesso a Giuseppe e a Maria" (5.12.1996). L'evangelista poi osserva che Gesù cresce ***"in sapienza, età e grazia*** *davanti a Dio e agli uomini"* (Lc 2,52). A questa crescita collaborano, umilmente e responsabilmente, si può dire col migliore successo, il padre e la madre assegnatigli su questa terra. E' una formazione integrale, in altre parole dal punto di vista intellettuale (sapienza), fisico (età) e spirituale (grazia). Un sano progetto educativo si propone infatti uno sviluppo evolutivo completo della persona. La Redemptoris Custos dichiara efficacemente: "La crescita di Gesù in sapienza, in età e in grazia avvenne nell'ambito della Santa Famiglia sotto gli occhi di Giuseppe, che aveva l'alto compito di allevare, ossia di nutrire, di vestire e di istruire Gesù nella Legge e in un mestiere, in conformità ai doveri assegnati al padre" (RC 16). La missione Giuseppina viene così individuata: "Il nostro impegno e il nostro fine sono l'educazione integrale del giovane, lo sviluppo di tutte le sue potenzialità, lo stare accanto a lui, come Giuseppe a Nazaret, nella quotidianità della sua esistenza". E' vero che va diminuendo l'autorità paterna di Giuseppe, ma questi anni della "vita nascosta" a Nazaret forse sono anche i più fruttuosi della sua arte educativa e della sua maestria di istruttore. Indagare sul segreto del periodo del nascondimento, sul mistero di quella sua "*vita nascosta con Cristo in Dio*" (Col 3,3), nella sua intimità col figlio adolescente, ha un fascino tutto particolare. Si potrebbe dire che qui si scopre l'attrattiva del tempo moderno (come dice Chiara Lubich): la presenza di Gesù in mezzo a Maria e a Giuseppe non è che il prototipo della sua presenza in mezzo a coloro che sono uniti nel suo nome, secondo la sua promessa: "dove due o tre sono uniti nel mio nome, io sono in mezzo a loro" (Mt 18,20). Molte cose rimangono segrete ed è difficile scandagliare più di tanto il rapporto padre-figlio. Nell'intimità della meditazione e della preghiera è possibile intravedere qualcosa in più. D'altronde solo loro possono svelare quello che è nascosto del loro rapporto. E' significativa – applicandola alla relazione Giuseppe/Gesù – la frase del Vangelo: "*Tutto è stato dato a me dal padre mio; nessuno conosce il figlio se non il padre, e nessuno conosce il padre se non il figlio e colui al quale il figlio voglia rivelarlo*" (Mt 11,27).

C'è da considerare poi il contesto del lavoro e di una bottega artigiana. Giuseppe esercita il suo mestiere che, come ci tramandano i Vangeli, è di "*técton*" cioè carpentiere o fabbro. Qualcosa di più che un falegname, una professione che ha a che fare anche con l'edilizia. Nella zona doveva essere affermato e ricercato nel suo lavoro, tanto che veniva individuato per la professione esercitata. Nel piccolo villaggio di Nazaret non dovevano essere molti con quel mestiere. Lo ha dunque contraddistinto a lungo il lavoro manuale, col legno, il ferro, la muratura. Questa occupazione che richiedeva una certa scienza e competenza, quando ben remunerata, non doveva ridurre a una vita troppo disagevole. All'epoca il mestiere in genere passava di padre in figlio. Si osservava la regola che diceva: "Ogni uomo è tenuto a insegnare al proprio figlio un mestiere. Chiunque si astenga da ciò insegna al proprio figlio a diventare un ladro". Giuseppe certamente ha istruito il figlio Gesù nella sua arte lavorativa. Tant'è che la domanda retorica: "*Non è il figlio del falegname?*" (Mt 13,55), diventa addirittura: "*non è il falegname?*" (Mc 6,3). Una domanda che ci fa capire come Gesù abbia dedicato tanto tempo, probabilmente vent'anni, all'arte del padre terreno che poi è diventata la sua. Quante volte Giuseppe, come "capomastro" è stato vicino al figlio insegnandogli il mestiere, l'uso appropriato degli arnesi, facendo insieme le fatiche più pesanti, andando incontro alle richieste della gente, in paese e nei dintorni, senza sottrarsi al "*sudore della fronte*", secondo il volere del Creatore (cfr Gen 3,19). Diventando giovane, Gesù deve aver pure sostituito il papà in qualche lavoro, fino a prendere lui in mano la bottega di Nazaret. Quante volte si sono aiutati e sostenuti l'un l'altro, quante volte hanno mangiato e bevuto insieme, hanno discusso sulle cose della vita, hanno sofferto il caldo e il freddo, sono andati a coricarsi stanchi. Una vita quotidiana semplice ed umile, senza arroganza e pretese, vissuta per decenni, come se non avessero cose più importanti da fare. Pensavano che quello che facevano valeva la pena, era intessuto di amore e concretezza, di servizio vicendevole e verso quanti avevano bisogno. Era in fin dei conti la volontà di Dio per loro in quel momento. Nell'educazione impartita da Giuseppe occupa ampio spazio l'apprendimento del mestiere e l'esecuzione del proprio dovere. E' un valore da non sottovalutare il fatto di educare alla laboriosità e all'operosità nello svolgimento dei propri compiti. Al di là del giusto profitto, nella misura in cui è necessario per vivere e guadagnare il pane quotidiano, c'è un compito da assolvere con fedeltà proprio per raggiungere la maturità. Non può crescere veramente chi non lo capisce. Come è vero che è importante il lavoro umano, qualunque mestiere, fatto con umiltà e carità, onestà e giustizia, solidarietà e rispetto per il prossimo. Scrive il Murialdo: "Giuseppe santifica e nobilita il suo lavoro indirizzandolo continuamente a Dio; il suo occhio è intento all'opera che compie la sua mano, ma il suo cuore è fisso e sollevato incessantemente a Dio, di cui adempie la sua volontà. E' il modello dell'operaio cristiano, dell'artigiano santo, e l'operaio che lo guarda come modello apprezza il giusto valore del suo stato e sente che davanti a Dio, giusto estimatore delle cose e degli uomini, non è da meno il bracciante che suda a mattino a sera con il martello o la pialla in mano, che il re che regna sul trono e il ministro che governa i popoli, quando gli uni e gli altri adempiono il volere di Dio". Dichiara la Redemptoris Custos: "Grazie al banco di lavoro presso il quale esercitava il suo mestiere insieme con Gesù, Giuseppe avvicinò il lavoro umano al mistero della Redenzione" (RC 8). Come padre e figlio innalzano a dignità divina la professione dell'operaio e dell'artigiano, di chiunque lavora compiendo con semplicità la vocazione a cui è chiamato. L'industria, il commercio, l'agricoltura, il terziario, ogni settore e ogni categoria trova a Nazaret la sua icona. Veramente possono rispecchiarsi in loro, nel divin lavoratore e nel suo istruttore, san Giuseppe lavoratore, gli uomini di tutti i tempi e di ogni professione. Se il problema del lavoro è la chiave della questione sociale, questa può essere maggiormente compresa ed affrontata ispirandosi a quel modello di genitore ed apprendista all'opera nella bottega di Nazaret. E' un "modello accessibile a tutti" (RC 24). E' un compito precipuo dell'azione educativa essere attenti alla formazione professionale e seguire i giovani nei problemi lavorativi e occupazionali. E' l'ideale rilanciato pure dalla festa del 1 maggio dedicata a san Giuseppe lavoratore e istituita opportunamente da Pio XII. Qui si trova la possibilità di affrontare e superare nella logica della comunione, piuttosto che dell'interesse e del profitto, la crisi economica e finanziaria. Si può ribaltare tutto un mondo che va a rotoli, avendo messo al centro il guadagno invece che Dio e la persona umana. Il dovere e il lavoro, eseguiti nel contesto del piano della Creazione, inquadrati in un giusto progetto educativo, vanno difesi e salvaguardati.

13. EDUCAZIONE E FORMAZIONE

La paternità educativa di Giuseppe si svela negli anni sempre più chiaramente. Il primo lavoro per lui, se andiamo in profondità, non è quello del carpentiere, per quanto lo esegua a meraviglia e lo trasmetta al figlio con abilità. Il suo primo pensiero rimane quello di esercitare la sua paternità educativa, di **fare da padre e da educatore** di quel figlio, dono inestimabile del Cielo per lui e per il mondo intero. Il motivo della sua esistenza, il centro dei suoi interessi, ogni cura e preoccupazione è per la crescita di Gesù. Giovanni Paolo II presenta un bel quadretto: "Sappiamo che Gesù cresceva come bambino, come giovane, cresceva accanto a Giuseppe e naturalmente accanto a sua madre... Ed ecco Giuseppe accanto a Gesù. Gesù accanto a Giuseppe sul banco di lavoro. Gesù imparava da Giuseppe, lavorava come falegname ed imparava ad essere giudeo, figlio del popolo in cui veniva in questo mondo" (19.3.1993). Come è vero che spesso i figli imparano da quello che vedono fare ai genitori. Come è vero che si raccoglie ciò che si semina, a cominciare dall'ambito familiare. Un'attenzione particolare i genitori di Gesù hanno per l'educazione del cuore, coltivandone i sentimenti più importanti: la mitezza e l'umiltà. Non per niente più tardi il Signore dirà: "*imparate da me, che sono mite e umile di cuore*" (Mt 11,29). C'è chi ha chiamato san Giuseppe "Amico del Sacro Cuore" e possiamo riconoscere che alla formazione interiore del figlio divino ha contribuito anche il padre terreno. Certamente lo ha aiutato ad entrare nella storia della salvezza, a conoscere la Legge e i profeti, ad ascoltare l'attesa messianica del popolo di Israele. La liberazione era da intendere dalla schiavitù del peccato piuttosto che dal dominio romano, come pensavano gli zeloti ed altri. Ogni sabato lo ha accompagnato in sinagoga per leggere e approfondire le sacre Scritture. Ha coniugato anzitempo azione e contemplazione, l'ascolto di Maria e l'operosità di Marta. Giustamente è invocato come Maestro di orazione e di vita. Quello che il Figlio dirà più tardi vale già anche per lui: "*mia madre e mio fratello sono coloro che ascoltano la Parola di Dio e la mettono in pratica*" (Mt 12,50). Giuseppe gli ha trasmesso la Parola della Bibbia, con i comandamenti e con le sue esigenze, ma anche la gioia di chi è giusto e si sente figlio immensamente amato da Dio, anzi da Lui indegnamente prescelto. Ha scoperto un po' alla volta, grazie anche al figlio e alla sposa, la fonte dell'Amore nel Signore: paterno e provvidente, gratuito ed infinito, attuale e personale, tenero e misericordioso. Al figlio ha insegnato a rivolgersi verso il Padre celeste, quell'altro "*Abbà*" ben più importante di quello che lui ha potuto rappresentare in terra: la paternità di Dio da cui prende nome ogni paternità degli uomini (cf Ef 3,15). Quel termine familiare ed affettuoso "Abbà", ossia Papà, è in effetti quello che Gesù ha usato innumerevoli volte nei riguardi di Giuseppe, e che in seguito ha scelto anche per nominare il Padre celeste. Una familiarità con Dio inusuale e rivoluzionaria, se si pensa con quanto timore gli Ebrei erano soliti rivolgersi al Signore, tanto da nemmeno nominarlo. Dichiara il p. Danieli sottolineando la grandezza dell'unico termine per l'Abbà celeste e il papà terreno: "Quando ascoltiamo il figlio unico di Dio parlare nei Vangeli del proprio eterno Padre, o invocarlo, chiamandolo sempre e soltanto Abbà, ci rendiamo conto che in quell'uso, Gesù ha voluto anche trasmetterci il più alto elogio per il suo primo abbà, che fu Giuseppe" (op. cit. p. 116). Tra le frasi del Vangelo possiamo scorgere svariati indizi su tante cose che deve aver imparato pure dall'educazione di Giuseppe. Le immagini e gli esempi adoperati appaiono un eco di quanto ha potuto imparare in famiglia. Del resto le parole del Figlio hanno potuto risaltare maggiormente sul suo silenzio e sul suo farsi vuoto perché crescesse Colui che doveva crescere. I racconti del padre misericordioso e del figlio prodigo, della pecorella smarrita e della moneta ritrovata, non saranno stati appresi dalle suggestioni comunicategli dal padre terreno? Le parabole del piccolo seme e del lievito che fermenta, o l'esempio del vestito rattoppato, non saranno da riportare a quanto imparato dalla mamma? Soprattutto l'annuncio dell'amore di Dio, che è come un padre buono che ama i suoi figli e non li abbandona, che nutre gli uccelli del cielo e veste i gigli del campo (cfr Mt 6,26-29), non è pure un ricordo riconoscente di Giuseppe e della sua paternità educativa? Il buon samaritano, il banchetto di nozze, le vergini sapienti, il servo fedele, il seminatore, i vignaioli, il buon pastore, l'amico insistente, la povera vedova, non trovano riferimento nel mondo in cui è stato educato? L'attenzione ai poveri e agli ultimi, ai piccoli e ai malati, a tutti i bisognosi, non gli è stata trasmessa dai genitori? L'impegno per la verità e la giustizia, l'onestà e la rettitudine, la difesa degli innocenti, la pietà per i tribolati, non sono valori in cui hanno creduto Giuseppe e Maria? E quando Gesù identifica se stesso come lo Sposo, non ha davanti l'esempio del casto e felice sposo di sua madre? (cfr Mt 9,15). L'affermazione di papa Benedetto XVI è pertinente: "Non si esagera se si pensa che proprio dal padre Giuseppe Gesù abbia appreso – sul piano umano – quella robusta interiorità che è presupposto dell'autentica giustizia, la giustizia superiore che egli un giorno insegnerà ai suoi discepoli" (18.12.2005). Confida il vescovo Domenico Sigalini: ""Oso immaginare Gesù che prende per mano il papà Giuseppe e da lui ascolta i fatti della Bibbia, come a me li raccontava mio padre, che anche per me non era il padre che mi aveva generato, ma colui che alla morte di mio papà, quando avevo appena sei mesi, lo aveva sostituito in tutto. Il mio carattere è il suo, il mio modo di guardare la vita è il suo, la mia allegria l'ho appresa da lui. Mi basta questo per vedere da dove Gesù ha appreso la tenacia, la forza e la decisione di andare contro ogni compromesso, il fascino per il Padre dei cieli, la dignità di fronte ai potenti del tempo, la dolcezza del tratto verso i malati e gli esclusi… li ha assimilati nella quotidianità del rapporto con il papà Giuseppe, il giusto. Da lui soprattutto ha imparato a chiamare il Dio Onnipotente con il dolce nome di papà". Davvero ogni genitore, insegnante ed educatore, nella gravità della crisi globale e della corruzione dilagante, nella sfida educativa di oggi, può rifarsi al modello di san Giuseppe, riconosciuto opportunamente come "ottimo educatore". La sua paternità educativa è tutta speciale e i libri di pedagogia non la conoscono. Eppure, a ben vedere, non è certo poco né di poco conto quello che insegna. E' forte l'invito del Reffo: "In Lui dobbiamo studiare i metodi che altri si affatica invano di trovare nei libri profani; perché allora solo saremo buoni educatori dei nostri giovani, quando avremo imitato in S. Giuseppe la carità immensa di cui ardeva il suo bel cuore". Non solo i padri e gli educatori in genere, ma anche gli affidatari e i genitori adottivi, come pure i padri spirituali, possono ritrovare nella sua paternità la propria ispirazione. Nei riguardi dell'accoglienza dei minori senza famiglia, nell'adozione degli orfani e degli abbandonati, nell'approntare una risposta educativa adeguata, facendo loro da padri pur non essendolo naturalmente, è di gran lunga calzante il riferimento al nostro santo. Nei riguardi della paternità spirituale si può proprio scegliere lui come esperto consigliere, dato che ha sostenuto nella sua crescita lo stesso Figlio di Dio ed ha saputo dare il primato alla vita interiore. Quante volte tutto questo è stato sperimentato! I Giuseppini del Murialdo dichiarano apertamente: "Nel nostro stile educativo assumiamo alcuni tratti tipici di San Giuseppe, in particolare: condividere la vita, le gioie e le sofferenze dei giovani, vivendo tra loro come amici, fratelli e padri; creando con essi un clima di fiducia e ottimismo affinché l'azione educativa sia efficace. Allo stesso modo il suo spirito di fede ci aiuta a contemplare con umiltà il mistero, nella ricerca fiduciosa e costante dei disegni di Dio". Possiamo in definitiva affermare con Giovanni Paolo II: "Esercitando la funzione di padre, Giuseppe ha cooperato con la sua sposa a rendere la casa di Nazaret un ambiente favorevole alla crescita e alla maturazione personale del Salvatore dell'umanità. Iniziandolo, poi, al duro lavoro di carpentiere, Giuseppe ha permesso a Gesù di inserirsi nel mondo del lavoro e nella vita sociale… Maria e Giuseppe emergono perciò come modelli di tutti gli educatori" (5.12.1996). Ci sono dunque tanti motivi per trovare nella sua paternità non solo un esempio per il mondo dell'educazione ma un Patrono singolare. Il Reffo si esprime significativamente: "S. Giuseppe è perciò il più eccellente fra tutti gli educatori, e stende sopra di essi dal Cielo il suo Patrocinio, poiché vede nell'opera loro la continuazione del suo stesso ministero. Siccome infatti la missione di S. Giuseppe fu di sovvenire Gesù, di istruirlo ed educarlo nella sua stessa persona, così sovvenire, istruire ed educare Gesù nella persona dei giovani, la missione dei buoni educatori è analoga a quella di S. Giuseppe, perciò a lui molto cara e da lui fecondata di elette benedizioni". C'è infine un misterioso lavoro che questa sua paternità educativa opera in noi: Giuseppe forma dentro i fedeli Gesù. Plasma in ciascuno il Figlio divino, lo custodisce e lo fa crescere. Confida fra Guglielmo Spirito: "Giuseppe è una presenza amica per me, tangibile, familiare, sempre presente, discretamente. Lui mi accompagna, mi educa, forma paternamente Gesù in me". E' un'azione grande e preziosa, alquanto nascosta, che forse pochi capiscono. Avviene come il seme e il lievito destinati misteriosamente a fermentare e a portare frutto. Condurre a maturazione la presenza di Cristo nei suoi discepoli diventa il compito più profondo del padre terreno del Signore. Educazione e formazione sono il mezzo privilegiato.

14. GUIDA ALL'AUTONOMIA

Giuseppe è ormai al termine della sua missione. Dopo circa tre decenni della sua magnifica avventura in quotidiana coabitazione col Figlio divino e la Madre celeste, ha compiuto con fedeltà il proprio compito. E' davvero l'immagine del "servo per amore", del "servo inutile" alla fine del suo mandato, del "*servo fidato e prudente che il padrone ha posto a capo della sua famiglia per dare loro il cibo a tempo debito*" (Mt 24,45), che porta a termine con amore e coerenza quanto gli è stato affidato. E' un esempio non indifferente per chi ha da compiere il proprio dovere all'insegna della vocazione ricevuta e dello stato di vita a cui è chiamato. Spesso si reclamano i diritti trascurando i doveri. In Giuseppe si trova il modello di chi, senza troppe chiacchiere e ansia di apparire, fa quanto deve fare. La quotidianità, l'operosità, il silenzio, lo caratterizzano. Fare e tacere, si può affermare, è il suo slogan. In lui si trova lo stile ideale per la maggioranza degli uomini, chiamati a vivere nell'ordinarietà dell'esistenza quotidiana, con gesti concreti e comuni, che non sono appariscenti o eclatanti. Non ci sono azioni straordinarie o miracoli da ricordare. Si tratta piuttosto del miracolo di una vita intera, intessuta di dedizione, come si suol dire straordinaria nell'ordinario. Giuseppe, secondo l'espressione del salmo, non inorgoglisce il suo cuore, non va in cerca di cose grandi e si comporta come "*un bimbo svezzato in braccio a sua madre*" (cfr Sal 130). Si lascia guidare in tutto dal Padre celeste e sempre più dal suo figlio, il Messia a lungo aspettato. Il padre terreno gli sarà stato vicino a un certo punto più come fratello e amico. Questo padre sarà stato educato sempre più alla "vita buona del Vangelo". Sarà stato introdotto nei misteri più nascosti e nella stanza segreta del Re. Avrà pensato sempre meno umanamente e sempre più secondo Dio. Sarà stato fiero di suo figlio, contento più di qualunque padre. Chissà quali intimi colloqui avranno fatto, quante domande e quali divine risposte avranno trovato. Chissà quanto del Vangelo, in tante occasioni, sarà stato preannunciato e a quale grado di contemplazione saranno giunti. Chissà quanta grazia dello Spirito Santo, all'opera fin dal concepimento, avrà inondato quella casa con i suoi sette doni! Giuseppe adesso sa che deve lasciare andare il figlio per la sua missione di redenzione. La sua missione di custode del Redentore è finita. Anche la sua paternità educativa è terminata. **Deve lasciare il posto** a Colui che è stato il senso della sua vita. Deve ora scomparire, come è il suo stile, nel silenzio e nel nascondimento. E' arrivato il momento del distacco. Ora il Verbo incarnato, la Parola eterna, sul suo vuoto, deve risaltare. E' giunta "*l'ora*" di Giuseppe, la sua kénosi e il suo annientamento, un piccolo anticipo di quanto farà il figlio con la passione e la morte di croce. E' la verità della similitudine che verrà proclamata: "*Se il chicco di grano caduto in terra non muore, rimane solo; se invece muore produce molto frutto*" (Gv 12,24). Lascia questa terra in un momento imprecisato, avvolto nel mistero. E' sicuro che all'inizio della vita pubblica di Cristo non c'è più, dato che non viene più nominato. Probabilmente è tra i cinquanta e i sessant'anni. La tradizione tramanda che Gesù e Maria lo accompagnano fino alla fine. La sposa di certo è piena di sofferenza per la dipartita dello sposo tanto amato. Lasciare andare il figlio quando è maturo, preparare l'educando a camminare da solo e a fare da adulto le scelte migliori, è il traguardo finale dell'arte educativa. E' importante guidare fino al distacco e alla giusta autonomia la persona affidata. Portare alla piena maturità di Cristo: chi l'ha fatto più del padre e della madre? Portare alla luce il meglio della persona, responsabilizzare è la parola d'ordine. Giuseppe ancora una volta insegna la sua preziosa pedagogia. Trattenere a sé oltre il dovuto, non aiutare a spiccare il volo, non estrarre il tesoro deposto nel cuore dell'uomo, è senza dubbio un errore grave da parte dei genitori, degli insegnanti e degli educatori in genere. Infine anche la sua ultima ora, la sua morte, è un esempio di vita. Morire tra le braccia di Gesù e di Maria è invidiabile. Passare all'altra vita così, nella gloria dei giusti, è un ideale da perseguire. Giustamente san Giuseppe è invocato come "Patrono della buona morte" e va invocato insieme alla sua Sposa: "prega per noi peccatori, adesso e nell'ora della nostra morte". Per l'educatore essere guida all'autonomia significa pure preparare all'ora finale.

15. TRAGUARDO E MATURAZIONE

C'è chi parla della risurrezione di San Giuseppe, basandosi sul testo del vangelo di Matteo al momento della morte di Gesù: "*i sepolcri si aprirono e molti corpi di santi morti risuscitarono*" (Mt 27,52). C'è chi crede all'assunzione del suo corpo in Cielo, come sant'Antonio da Padova, san Bernardino, san Pier Damiani, san Francesco di Sales, sant'Alfonso, Eugenio Reffo, Giovanni XXIII, ecc. Certo è che non lo sappiamo e lo vedremo in Paradiso. Comunque san Giuseppe gode uno splendido destino nell'eternità grazie alla singolare paternità esercitata in terra sul Figlio divino. D'altra parte un prolungamento della sua presenza nel tempo e nello spazio possiamo essere noi, diventando "veri giuseppini". Il Reffo si esprime con forza: "Che bella, che meravigliosa Congregazione sarebbe mai la nostra, se invece di essere formata di tanti giuseppini fosse formata di tanti Giuseppe, una falange di Giuseppi in corpo ed anima, che non si distinguono dall'originale che per differenze accessorie, e che in tutto e per tutto abbiano il dire, il fare, l'essere di S. Giuseppe". Essere Giuseppe può essere la nostra missione, operando una doppia identificazione. Possiamo da un lato esercitare la sua paternità nei riguardi dei figli di oggi. Possiamo dall'altro vedere Gesù in chi è più piccolo e bisognoso, secondo la sua Parola: "*chi accoglie uno di questi bambini nel mio nome accoglie me*" (Mc 9,37), "*qualunque cosa avete fatto ad uno di questi miei fratelli più piccoli l'avete fatto a me*" (Mt 25,40). C'è una speciale ecclesiologia da portare avanti: quella che fa costante riferimento alla Santa Famiglia in cui rispecchiarsi. L'unità e lo spirito di famiglia, che lì si respira in abbondanza, deve informare ogni comunità e gruppo ecclesiale. Perciò il nostro personaggio non deve essere assente dalla teologia, dalla catechesi e dalla predicazione. Anche visivamente in tutte le chiese non dovrebbe mancare, con Cristo al centro, l'immagine di Maria e di Giuseppe ai due lati. Nell'ultimo incontro mondiale delle famiglie giustamente è stata posta in evidenza la sua icona, ma non sempre ci si ricorda. C'è una specifica spiritualità camminando sui suoi passi e una linea di santificazione originale percorrendo la "via di Giuseppe". Io credo che nella sua speciale venerazione (protodulia), piuttosto che sulla devozione o altri ambiti, è importante fondarsi su una solida spiritualità – biblica ed evangelica - che raccogliamo con dovizia dalla sua figura. Solo apparentemente sembra non dire più di tanto, dato che non vengono riportate le sue parole, mentre c'è molto da imparare. Scorrendo con più attenzione la sua vicenda, si scopre un vero e proprio itinerario di fede. Applicando quanto dice l'epistola agli Ebrei (Eb 11) o la lettera di indizione dell'Anno della Fede "Porta fidei" al numero 13 (11.10.2011), si può affermare quanto segue. San Giuseppe per fede visse tutta la sua esistenza nel fare la volontà del Padre. Per fede scoprì nei sogni il disegno di Dio. Per fede prese Maria come sposa e Gesù come figlio. Per fede presentò il Bambino al tempio. Per fede fuggì in Egitto e salvò il figlio e la madre. Per fede ritornò a Nazaret e scelse una vita nascosta. Per fede educò, nutrì e allevò Cristo Signore. Per fede lo istruì nella legge divina e nel lavoro. Per fede condusse la Santa Famiglia. Per fede al momento della sua morte si abbandonò tra le braccia di Gesù e di Maria. Quando preghiamo con il "Padre nostro" pensiamo anche alla paternità del Custode del Redentore; come dice Danieli: "In quel modo di parlare a Dio, viviamo un atteggiamento di fede che ci viene da Gesù, ma che per Gesù ebbe inizio proprio da Giuseppe: da come lo amò, come lo educò e lo fece crescere davanti a Dio e davanti agli uomini" (op. cit. p. 117). Ad ogni modo è da credere che, per il patrocinio universale di san Giuseppe sulla Chiesa, come è stato solennemente dichiarato dal beato Pio IX, il nostro santo ascolta le preghiere degli uomini e del mondo intero, dei cristiani e in particolare dei devoti. Li vede tutti come figli suoi. Sta a noi il compito di diventare figli nel Figlio, di imitare "*ciò che fa il padre*" (Gv 5,19) - come fa con esattezza Gesù - per essere maggiormente "a immagine e somiglianza" di Dio (cfr Gen 1,26). E' da fare nostra la semplice preghiera di sant'Alfonso: "San Giuseppe, sii anche nostro padre e concedici di essere davvero tuoi figli". O quella del Murialdo: "O Giuseppe, noi siamo tuoi servi e tuoi figli. Vieni ad abitare in questa nuova Nazareth, vieni a regnare su noi; noi ti diamo gli stessi poteri che avesti sulla famiglia di Nazareth. O Giuseppe, sii il fedele Custode di Gesù e di Maria fra noi, il Padre di questa famiglia su cui l'Eterno Padre ti ha costituito". E' una relazione di paternità e figliolanza che bisogna invocare espressamente e saper costruire. Lui certo – come Maria che diventa madre degli uomini sotto la croce (Giov 19,25-27) - fa la sua parte e si prende cura di noi sul serio. Altrettanto tocca fare a noi nei suoi riguardi, affidandoci alla sua arte di padre e di educatore. Don Giuseppe Ambrosio (1871-1957), fondatore del santuario di San Giuseppe Vesuviano, esclama: "Il buon S. Giuseppe è come un dolce ed amorevole padre in mezzo ai suoi figli. E' tutto affetto per i suoi e per ciascuno di loro: a chi scocca un bacio sul viso, a chi prodiga una lieve carezza, a chi invia un regaluccio, e tutti alla meglio contenta e soddisfa. Il glorioso S. Giuseppe gode vedersi intorno i suoi figli, ascoltarne la voce, conoscerne i palpiti e i desideri, e soprattutto gioisce di porgere ad essi baci, carezze e regali a suo modo, cioè gioisce di porgere sollievo, calma, lenimento, salute: tale è il suo cuore, cuore di padre benigno e amorevole" (A. Catapano, L'apostolo di San Giuseppe, 2006, p. 55). Il giuseppino padre Angelo Cuomo (1915-1990), ora Servo di Dio, chiede apertamente al Signore di farlo vero figlio di san Giuseppe: "Ho pregato Gesù che mi desse come Padre S. Giuseppe, come mi diede come madre Maria, e di mettere nel mio cuore questo amore filiale" (A. Catapano, Puntare in alto, 2006, p. 113). San Giuseppe dunque veglia sul popolo di Dio e continua ad esercitare la sua eccezionale paternità. Continua il suo compito di Custode del Redentore, difendendo suo Figlio nel mondo e la fede in Lui, nel contesto della nuova evangelizzazione. Sottolinea ancora Giovanni Paolo II: "Questo patrocinio deve essere invocato ed è necessario tuttora alla Chiesa non soltanto a difesa contro gli insorgenti pericoli, ma anche e soprattutto a conforto del suo rinnovato impegno di evangelizzazione nel mondo e di rievangelizzazione in quei «paesi e nazioni dove la religione e la vita cristiana erano un tempo quanto mai fiorenti», e che «sono ora messi a dura prova»" (RC 29). E' potente la sua intercessione dall'alto, trovandosi nella gloria immortale accanto a Gesù e alla Madonna, con una sorta di autorità che gli è concessa come sulla Santa Famiglia al di sopra di tutti i santi. Possiamo parafrasare le parole di Giovanni manifestandogli la nostra riconoscenza: san Giuseppe "*ha tanto amato il mondo da donare il figlio unigenito*" (cf Gv 3,16). Quale dono più grande di questo? Ora, nel cinquantesimo anniversario del Concilio Vaticano II, di cui san Giuseppe è stato dichiarato patrono col magistero pontificio di Giovanni XXIII, occorre guardare nuovamente alla sua figura. E' da rinnovare e rilanciare nei suoi riguardi la gratitudine e la conoscenza, il giusto culto e la retta devozione. E' da invocare opportunamente nella preghiera eucaristica e nel rosario, in particolare ogni mercoledì e nel mese di marzo. E' da supplicare perché lo spirito di unità e di famiglia, l'impegno ecumenico, non manchi tra i cristiani. E' da pregare per la pace e la giustizia nel mondo, lui che ha praticato fede e giustizia, che è il padre del Principe della Pace e lo sposo della Regina della Pace. E' accanto a tutti gli uomini, sia laici e sposati che religiosi e consacrati. E' vicino a chi subisce sofferenze e ingiustizie. Protegge i lavoratori di ogni categoria e il mondo del lavoro. Se c'è crisi nelle famiglie e nell'economia sappiamo allora a chi rivolgerci. Il richiamo di Gesù "*Non chiamate nessuno padre sulla terra, perché uno solo è il Padre vostro, quello del Cielo*" (Mt 23,9) non riguarda certo il suo padre terreno, che tante volte lui stesso ha chiamato Abbà. Si "accresce" – secondo l'etimologia del suo nome – la sua paternità dal Cielo. Si accresce l'esercizio della nostra paternità sull'esempio del

Padre celeste e di quello terreno. Se si conoscessero le meraviglie che opera san Giuseppe e la formazione che è capace di dare ai suoi figli, non si cercherebbe altra strada. Al nostro santo non interessa che il progetto di Dio "*per realizzarlo nella pienezza dei tempi: il disegno cioè di ricapitolare in Cristo tutte le cose, quelle del cielo come quelle della terra*" (Ef 1,10). A conclusione è puntuale l'invito di Benedetto XVI: "Vorrei ancora rivolgere una esortazione particolare ai padri di famiglia, poiché san Giuseppe è il loro modello. San Giuseppe rivela il mistero della paternità di Dio su Cristo e su ciascuno di noi. E' lui che può loro insegnare il segreto della loro stessa paternità, egli che ha vegliato sul Figlio dell'Uomo. Anche ogni padre riceve da Dio i suoi figli creati ad immagine e somiglianza di Lui. San Giuseppe è stato lo sposo di Maria. Anche ogni padre di famiglia si vede confidare il mistero della donna attraverso la sua propria sposa. Come San Giuseppe, cari padri di famiglia, rispettate e amate la vostra sposa, e guidate i vostri bambini, con amore e con la vostra presenza accorta, verso Dio dove essi devono essere (cfr *Lc* 2,49)" (19.3.2009). Uno splendido destino si prepara per san Giuseppe e per chiunque cammina sui suoi passi, per tutti coloro che gli sono affidati. Grazie alla sua paternità educativa, come stella luminosa, san Giuseppe è il modello ideale, come abbiamo visto, di ogni padre ed educatore, alle prese delle sfide della storia. Con lui si arriva al traguardo, a sicura maturazione, oltre gli ostacoli della vita.

SECONDA PARTE

IL MAGISTERO DEI PAPI

PAPA FRANCESCO

Papa Francesco ha cominciato il suo pontificato inaugurandolo il 19 marzo 2013 nella festa di san Giuseppe. Non è stata una semplice coincidenza, ma una data provvidenziale, scelta a ragion veduta. Basta rileggersi l'omelia di quel giorno per rendersi conto del profondo significato che vi è sotteso. Ascoltiamo le sue parole: "Ringrazio il Signore di poter celebrare questa Santa Messa di inizio del ministero petrino nella solennità di San Giuseppe, sposo della Vergine Maria e patrono della Chiesa universale: è una coincidenza molto ricca di significato". Presenta il santo come padre e custode, egli certo custodisce innanzitutto Maria e Gesù, ma la sua custodia si estende poi a tutta la Chiesa, anzi al creato intero. Il suo modello di santità – afferma - è tenero e forte: "Nei Vangeli, san Giuseppe appare come un uomo forte, coraggioso, lavoratore, ma nel suo animo emerge una grande tenerezza, che non è la virtù del debole, anzi, al contrario, denota fortezza d'animo e capacità di attenzione, di compassione, di vera apertura all'altro, capacità di amore". Lo stemma pontificio da lui scelto ha evidenziato il fatto che Papa Francesco ponga se stesso e intenda porre tutta la Chiesa sotto la guida materna di Maria e quella paterna di Giuseppe: la stella a sinistra e il fiore a destra stanno a indicare una scelta precisa. E' significativo che con la sua approvazione il primo maggio, ad appena un mese dall'inizio del suo ministero petrino, sia stato emanato il decreto della congregazione per il culto divino e la disciplina dei sacramenti sull'inserimento del nome di san Giuseppe in tutte le preghiere eucaristiche. Insieme al predecessore ha eletto san Giuseppe patrono della Città del Vaticano. Il rapporto speciale con la santa coppia di Nazaret risale in papa Francesco da antica data, fin dalla sua vocazione cresciuta nella basilica di San José de Flores a Buenos Aires.

BENEDETTO XVI

L'INFANZIA DI GESU'

1. L'ORIGINE

Merita attenzione il terzo volume di Benedetto XVI su Gesù di Nazaret pubblicato alla fine del 2012. E' l'ultimo libro del Papa emerito prima di lasciare il pontificato. Ha dunque tutto il sapore di un testamento. Motivo in più per far tesoro delle sue parole. Il primo volume si incentrava sulla missione pubblica del Signore (dal battesimo alla trasfigurazione) e il secondo sul mistero pasquale (dall'ingresso in Gerusalemme alla risurrezione). Il presente libro riguarda il periodo dell'Infanzia di Gesù. Dal Papa viene definito come "*sala di ingresso*" per la quale entrare nel mistero del Signore e per approfondire il nostro credo nell'Anno della fede. Per noi giuseppini è di particolare interesse, dato che investe anche la figura del nostro Patrono san Giuseppe. E' questo il motivo che ci spinge a presentare con una serie di articoli questa opera del Papa, dando spazio soprattutto alla figura di San Giuseppe. Per una giusta interpretazione biblica, si osserva nella premessa, occorrono due passi. "*Da una parte, bisogna domandarsi che cosa intendevano dire con il loro testo i rispettivi autori, nel loro momento storico*". Questa è la componente storica dell'esegesi, ma non basta. Afferma infatti Benedetto: "*la seconda domanda del giusto esegeta deve essere: è vero ciò che è stato detto? Riguarda me? E se mi riguarda, in che modo?*". Il vangelo non riporta solo il passato, ma interroga qui e ora. E dunque siamo chiamati a coinvolgerci personalmente seguendo la vicenda di Gesù.

Il primo capitolo è intitolato "Di dove sei tu?" (Gv 19,9). E' l'interrogativo di Pilato al momento del processo e della condanna alla crocifissione. E' "*la domanda circa l'origine di Gesù quale domanda circa l'essere e la missione*". La sua provenienza può infatti svelare la sua identità e il compito della sua vita. "Non è costui il falegname?" (Mc 6,3), "il figlio di Giuseppe di Nazaret?" (Gv 1,45). Come fa a dire che è "disceso dal cielo?" (Gv 6,42). Le genealogie trasmesse da Matteo e da

Luca, pur differenti, offrono una risposta. Il primo parte da Abramo e riconosce la venuta del Messia promesso alla discendenza di Davide; il secondo risale fino ad Adamo, come espressione di una promessa che riguarda tutta l'umanità. Osserva il Santo Padre: "*Se in Matteo è la promessa davidica a caratterizzare la struttura simbolica del tempo, Luca intende mostrare che in Gesù è l'umanità che comincia nuovamente*". Così con Maria e Giuseppe c'è un nuovo inizio. Comprendere "da dove viene" Gesù è fondamentale, apre la porta al mistero dell'Incarnazione e si riveste di un fascino unico. "*Giuridicamente Egli era figlio di Giuseppe,ci dice Luca* (cfr 3,23). *Quale fosse la sua vera origine, l'aveva descritto già precedentemente nei primi due capitoli del suo Vangelo*".

2. L'ANNUNCIAZIONE

Benedetto XVI nel secondo capitolo del libro sull'infanzia del Signore commenta l'evento dell'annunciazione. L'angelo Gabriele va da una donna di Nazaret, sposa di un uomo di nome Giuseppe, e la saluta: "*Rallegrati, Maria!*" (Lc 1,28). Il Papa osserva: "*Con questo augurio dell'angelo – possiamo dire – inizia, in senso proprio, il Nuovo Testamento*". Viene in mente come il Vangelo è essenzialmente Buona Novella, messaggio di gioia, e l'annuncio dato ai pastori nel Natale è esplicito: "vi annuncio una grande gioia" (Lc 2,10). E' bello sottolineare questo invito a rallegrarsi che apre ad accogliere l'Incarnazione del Signore. E' poi da considerare come nel saluto angelico alla Madre "gioia e grazia vanno insieme". Dio non ha dimenticato la sua promessa fatta a Davide e il nome stesso di Gesù è pieno di significato: viene il Salvatore, Dio che salva. Osserva il Santo Padre: "*Maria appare come una donna coraggiosa, che, anche di fronte all'inaudito, mantiene l'autocontrollo. Al tempo stesso, è presentata come donna di grande interiorità, che tiene insieme il cuore e la ragione e cerca di capire il contesto, l'insieme del messaggio di Dio*". Diventa così "immagine della Chiesa che riflette sulla Parola di Dio".

Sulla questione di come avviene il concepimento, il Papa scrive una pagina interessante che illumina e prende posizione sul rapporto della sposa con lo sposo Giuseppe. "*Enigmatica è per noi la seconda reazione di Maria. In seguito alla titubanza pensierosa con cui ella aveva accolto il saluto del messaggero di Dio, l'angelo, infatti, le aveva comunicato la sua elezione a diventare la madre del Messia. Allora Maria pone una breve, incisiva domanda: Come avverrà questo, poiché non conosco uomo?*" (Lc 1,34). Nota poi che nei secoli ci sono state varie interpretazioni, ma nessuna abbastanza convincente. "*A partire da Agostino la questione è stata spiegata nel senso che Maria avrebbe fatto un voto di verginità e avrebbe attuato il fidanzamento solo per avere un protettore della sua verginità. Ma questa ricostruzione fuoriesce totalmente dal mondo del giudaismo dei tempi di Gesù e sembra impossibile in tale contesto*". Tanto più, aggiunge che "*secondo l'uso giudaico, il fidanzamento veniva espresso unilateralmente dall'uomo, e alla donna non si chiedeva il consenso*". E' un'ipotesi dunque da scartare, ma anche l'esegesi moderna non ha trovato un'idonea soluzione. Permane quindi il "mistero" di tale frase. Rimane però il fatto che, dopo la caduta dei protogenitori, ora Dio cerca un nuovo ingresso nel mondo. E bussa alla porta di una nuova coppia: Maria e Giuseppe.

3. GIUSEPPE IL GIUSTO

Al contrario di Luca, il vangelo di Matteo narra l'evento dell'Incarnazione del Signore "*esclusivamente dalla prospettiva di san Giuseppe*". E' quanto sottolinea Benedetto XVI nel suo ultimo libro sull'Infanzia di Gesù. Attraverso la sua discendenza dal re Davide fa da collegamento con l'antica storia della salvezza. Giuseppe, non sapendo ancora dell'intervento divino, si dibatte nell'incertezza. Orientandosi a non accusare pubblicamente la sposa, si manifesta "uomo giusto" (Mt 1,19). Su questa definizione evangelica il Papa si sofferma ampiamente. Osserva: "*La qualificazione di Giuseppe come uomo giusto va ben al di là della decisione di quel momento. Offre un quadro completo di san Giuseppe e al contempo lo inserisce tra le grandi figure dell'Antica Alleanza – a cominciare da Abramo, il giusto. Se si può dire che la forma di religiosità presente nel Nuovo Testamento si riassume nella parola 'fedele', l'insieme di una vita secondo la Scrittura si compendia, nell'Antico Testamento, con il termine 'giusto'*". Continua ancora il Santo Padre: "*Il Salmo 1 offre l'immagine classica del 'giusto'. Quindi possiamo considerarlo quasi come un ritratto della figura spirituale di san Giuseppe*".

E' significativo questo aggancio del nostro santo alle espressioni del salmista. Davvero Giuseppe è come un albero, piantato lungo corsi d'acqua, che porta grande frutto. Per lui la volontà di Dio non è una legge imposta dall'esterno, ma gioia profonda, diremmo vangelo vissuto. Ne scaturisce una bella pagina, in cui Benedetto XVI offre un bel ritratto dello Sposo di Maria. *"Questa immagine dell'uomo, che ha le sue radici nelle acque vive della Parola di Dio, sta sempre nel dialogo con Dio e perciò porta costantemente frutto, questa immagine diventa concreta nell'evento descritto, come pure in tutto ciò che, in seguito, si racconta di Giuseppe di Nazaret. Dopo la scoperta che Giuseppe ha fatto, si tratta di interpretare ed applicare la legge in modo giusto. Egli lo fa con amore: non vuole esporre Maria pubblicamente all'ignominia. Le vuole bene, anche nel momento della grande delusione. Non incarna quella forma di legalità esteriorizzata che Gesù denuncia in Matteo 23 e contro la quale lotta san Paolo. Egli vive la legge come vangelo, cerca la via dell'unità tra diritto e amore. E così è interiormente preparato al messaggio nuovo, inatteso e umanamente incredibile, che gli verrà da Dio*". Il Papa, al termine del suo pontificato, dona così una bella pennellata nella presentazione di san Giuseppe, nel suo essere in pieno "uomo giusto" e "servo fedele", a cavallo tra l'antica e la nuova alleanza.

4. IL SOGNO DI GIUSEPPE

Il papa emerito Benedetto XVI nel libro sull'infanzia di Gesù fa notare la differenza dell'annuncio angelico. "*Mentre l'angelo 'entra' da Maria (Lc 1,28), a Giuseppe appare solo nel sogno – in un sogno, però, che è realtà e rivela realtà*". E' importante questa sottolineatura. Non si tratta infatti di sogni campati per aria, ma in verità del grande sogno di Dio che interviene nell'umanità. San Giuseppe, rileva il Papa, è abile nel discernimento di ciò che è vero, buono e giusto. E' anzi in questa capacità modello di chi sa capire e giudicare alla luce del Signore. "*Ancora una volta si mostra a noi un tratto essenziale della figura di san Giuseppe: la sua percettività per il divino e la sua capacità di discernimento. Solo ad una persona intimamente attenta al divino, dotata di una peculiare sensibilità per Dio e per le sue vie, il messaggio di Dio può venire incontro in questa maniera. E la capacità di discernimento è necessaria per riconoscere se si era trattato solo di un sogno, oppure se veramente il messaggero di Dio era venuto da lui e gli aveva parlato*". Se è compito di ognuno captare e comprendere la voce di Dio, leggere nei segni dei tempi, mettersi in ascolto della propria vocazione e scegliere la cosa giusta, in questo è maestro il nostro santo. A lui tocca interpretare il progetto divino e buttarsi a fare la volontà del Signore, anche se non è del tutto chiara e sebbene costi notti insonni e intimo sacrificio in ciò che ha di più caro. In lui dev'essersi identificato Benedetto XVI nel grave frangente della sua rinuncia al ministero petrino.

Giuseppe deve capire che la donna da lui sposata è stata scelta innanzitutto da Dio, che il figlio che sta arrivando nel suo grembo è opera dello Spirito Santo. Mistero inaudito e umanamente difficile da accettare. Commenta il Santo Padre: "*Il messaggio che gli viene partecipato è sconvolgente e richiede una fede eccezionalmente coraggiosa. E' possibile che Dio abbia veramente parlato? Che Giuseppe, nel sogno, abbia ricevuto la verità – una verità che va al di là di tutto ciò che ci si può attendere? Può essere che Dio abbia agito in questo modo in un essere umano? E' possibile che Dio abbia realizzato in questo modo l'inizio di una nuova storia con gli uomini?*". Tutte domande che attendono una risposta e che esigono una fede singolare. Non c'è una vita tranquilla per lo Sposo di Maria, ma una lotta interiore che lo fa soffrire. "*Matteo aveva detto prima che Giuseppe stava considerando interiormente la questione della giusta reazione alla gravidanza di Maria. Possiamo dunque immaginare come egli lotti ora nel suo intimo con questo messaggio inaudito del sogno: 'Giuseppe, figlio di Davide, non temere di prendere con te Maria, tua sposa. Infatti il bambino che è generato in lei viene dallo Spirito Santo' (Mt 1,20)*".

5. TU LO CHIAMERAI GESU'

Benedetto XVI nel suo libro sull'Infanzia di Gesù parla dell'annunciazione a Giuseppe che, essendo chiamato "figlio di Davide" dall'angelo, "*deve farsi garante della fedeltà di Dio*" che attraversa i secoli. "Non temere" è l'esortazione che gli viene fatta, identica a quella rivolta nell'annuncio a Maria nel brano parallelo di

Luca. Si può dire che l'invito a non aver paura davanti al progetto del Signore e di conseguenza alla propria vocazione è una costante per gli amici di Dio. Come la Sposa, Giuseppe viene coinvolto direttamente nel mistero dell'Incarnazione. A questa esortazione segue un compito preciso; l'angelo gli dice: Maria darà alla luce un figlio e "tu lo chiamerai Gesù" (Mt 1,21). Osserva il Papa emerito: "*Insieme con l'invito di prendere con sé Maria come sua moglie, Giuseppe riceve l'ordine di dare un nome al bambino e così di adottarlo giuridicamente come figlio suo*". La sua vocazione personale è di accogliere quel figlio come proprio. Dandogli il nome accetta di essere suo padre e tale sarà ritenuto da tutti. Gli dà un nome che racchiude in sé il programma della sua missione di salvatore. Gesù significa "Dio salva", e l'evangelista precisa: "egli infatti salverà il suo popolo dai suoi peccati".

L'attesa messianica viene così chiarificata. Non si tratta di un sovvertimento politico, ma squisitamente interiore: la liberazione dal peccato. E' il prototipo della missione affidata ad ogni apostolo, esprime la natura stessa del progetto salvifico. Dice il testo: "*Nella spiegazione del nome di Gesù data a Giuseppe nel sogno sta già una chiarificazione fondamentale su come sia da concepire la salvezza dell'uomo e in che consista, pertanto, il compito essenziale del portatore della salvezza*". San Giuseppe esegue la volontà divina, ratifica lo sposalizio con la Vergine Maria ed esercita la sua singolare paternità verso il figlio divino. Il Santo Padre commenta: "*Ancora una volta Giuseppe ci viene qui presentato molto concretamente come 'uomo giusto': il suo essere interiormente vigilante per Dio – un atteggiamento attraverso il quale può accogliere e comprendere il messaggio – diventa spontaneamente obbedienza. Se prima aveva fatto congetture con le proprie capacità, ora sa che cosa deve fare come cosa giusta*". Il parto verginale, sottolinea il Papa Benedetto, non è un mito, ma una verità storica da accettare con fede, anzi è un elemento fondamentale della fede cristiana e un segno luminoso di speranza. A ben vedere, non si tratta di cosa insensata o irragionevole, ma di qualcosa di grande e di positivo, del potere creatore di Dio che interviene in modo sorprendente nella storia dell'umanità.

6. LA NASCITA A BETLEMME

Il Santo Padre Benedetto XVI nel suo ultimo libro ci tiene a precisare: "*Gesù non è nato e comparso in pubblico nell'imprecisato 'una volta' del mito. Egli appartiene ad un tempo esattamente databile e ad un ambiente geografico esattamente indicato*". Al tempo dell'imperatore romano Cesare Augusto e nel luogo del re Erode in Giudea (Palestina) è venuto al mondo Cristo. Dunque la storia della salvezza si intreccia con quella civile. Certo Augusto non sa che a causa del censimento implica il fatto che Giuseppe e Maria devono recarsi a Betlemme per registrarsi. E nemmeno Erode pare al corrente dell'evento. Ma così si compiono le profezie. Benedetto XVI osserva: "*Senza saperlo, l'imperatore contribuisce all'adempimento della promessa: la storia dell'impero romano e la storia della salvezza, iniziata da Dio con Israele, si compenetrano a vicenda... Dio, che è il Dio di Israele e di tutti i popoli, si dimostra come la vera guida di tutta la storia*". E' da notare che il Papa condivide l'ipotesi che il censimento obbligava a presentarsi dove si aveva qualche proprietà. "*Possiamo supporre che Giuseppe della casa di Davide disponesse di una proprietà terriera a Betlemme così che, per la riscossione delle imposte, doveva recarsi lì*".

Che i genitori di Gesù non trovino alloggio a Betlemme, che la nascita del Bambino avvenga in una grotta, nel disagio e nella povertà, porta a capire il rovesciamento dei valori che sta nel piano divino. Il disegno di Dio, che sarà illustrato più tardi dalle Beatitudini controcorrente di quel Maestro, capovolge fin dall'inizio la mentalità degli uomini schiavi del potere e dell'avere. La mangiatoia, con le bende che avvolgono Gesù, è già un richiamo al finale del sepolcro e della risurrezione. Dopo 8 giorni avviene la circoncisione, che introduce il bambino nel popolo dell'alleanza. Dopo 40 giorni Gesù viene presentato al tempio da Giuseppe e da Maria. Offrono il sacrificio dei poveri, ossia due colombi. Rileva il Papa: "*Luca, il cui intero Vangelo è pervaso da una teologia dei poveri e della povertà, qui ci fa capire ancora una volta in modo inequivocabile che la famiglia di Gesù era annoverata tra i 'poveri di Israele'; ci fa capire che proprio fra di loro poteva maturare l'adempimento della promessa*". Si affronta poi la questione della differenza tra gli evangelisti Matteo e Luca nei racconti dell'infanzia. Il primo pare non sapere che i genitori vivessero a Nazaret, in Galilea, prima di andare a Betlemme, in Giudea. Ad ogni modo, conclude il Papa: "*Le due differenti linee di tradizione concordano nella notizia che il luogo della nascita di Gesù era Betlemme. Se ci atteniamo alle fonti, rimane chiaro che Gesù è nato a Betlemme ed è cresciuto a Nazaret*".

7. I MAGI E L'ESILIO

Il libro sull'Infanzia di Gesù di Benedetto XVI prosegue col racconto dei Magi d'Oriente. Il Papa presenta il quadro storico e geografico della narrazione, e si interroga su chi siano effettivamente questi "magi". Possono anche simboleggiare l'Asia, l'Africa e l'Europa, i tre continenti allora conosciuti, oppure le tre età dell'uomo, come alcuni studiosi propongono. Il pensiero decisivo li vede però come sapienti che rappresentano "*l'incamminarsi dell'umanità verso Cristo*", anzi "*l'attesa interiore dello spirito umano, il movimento delle religioni e della ragione umana*" verso di Lui. Si domanda il senso della stella, interpretata come la creazione che parla all'uomo. Si sofferma sul significato dei tre doni, regali forse poco pratici e non tanto utili, ma significativi. Nota che Matteo all'adorazione dei magi non parla della presenza di san Giuseppe, forse per mettere in risalto la Vergine col Bambino. Il rilievo al nostro santo è dato invece nella fuga in Egitto. Scrive Benedetto XVI (che forse sente più vicina a sé la scelta dell'esilio e della vita nascosta da Papa emerito): "*Dopo la fine del racconto dei Magi rientra in scena come protagonista dell'evento san Giuseppe che, però, non agisce per iniziativa propria, ma secondo gli ordini che nuovamente riceve in sogno dall'angelo di Dio*".

Si alza in fretta, prende il bimbo e sua madre e fugge in esilio. La strage dei bimbi innocenti racconta la prepotenza degli uomini di tutti i tempi. L'esilio in Egitto narra la povertà e l'oppressione che viene perpetuata, tanto da cercare rifugio in terra straniera. La storia di Israele ricomincia da capo e in modo nuovo con il ritorno della Santa Famiglia nella Terra promessa. Così "*Gesù dona l'esodo definitivo*". Il Papa osserva: "*Ancora una volta compare con grande rilievo la figura di san Giuseppe. Due volte riceve un ordine in sogno e, in questo modo, appare di nuovo come colui che ascolta ed è capace di discernimento, come colui che è obbediente e, insieme, è anche deciso e giudiziosamente operativo*". Dunque sa leggere i segni di Dio, è prudente e coraggioso. deciso e concreto. Morto Erode, al suo posto in Giudea c'è il figlio Archelao. Non per iniziativa propria, ma per suggerimento celeste si reca allora a Nazaret in Galilea. Si assoggetta così alla "*guida divina della storia*". Benedetto XVI conclude ribadendo la storicità del vangelo anche in questi episodi, da qualcuno erroneamente messa in dubbio. Sottolinea: "*I due capitoli del racconto dell'infanzia di Matteo non sono una meditazione espressa in forma di storie. Al contrario: Matteo ci racconta la vera storia, che è stata meditata ed interpretata teologicamente, e così egli ci aiuta a comprendere più a fondo il mistero di Gesù*".

8. LO SMARRIMENTO A 12 ANNI

L'epilogo del libro di Benedetto XVI parla di Gesù dodicenne al Tempio. Questo pellegrinaggio pasquale a Gerusalemme ottemperava alle prescrizioni della Legge. Il fatto che anche Giuseppe, Maria e Gesù vi partecipino, dimostra "*la religiosità della famiglia di Gesù*". Israele rimane essenzialmente "*un popolo di Dio in pellegrinaggio*". Annota quindi il Papa che "*la Santa Famiglia si inserisce in questa grande comunità in cammino verso il Tempio e verso Dio*". Questo episodio è alquanto sorprendente. Commenta il Santo Padre: "*In base alla nostra immagine, forse troppo gretta, della Santa Famiglia, questo fatto stupisce. Ci mostra però, in modo molto bello, che nella Santa Famiglia libertà e obbedienza erano ben conciliate l'una con l'altra. Il dodicenne era lasciato libero di decidere se mettersi insieme con coetanei ed amici e rimanere durante il cammino in loro compagnia. Alla sera, però, lo attendevano i genitori*". I tre giorni di smarrimento del ragazzo Gesù si ricollegano ai tre giorni tra la morte e la risurrezione, e Benedetto XVI conclude: "*Così dalla prima Pasqua di Gesù si stende un arco fina alla sua ultima Pasqua, quella della Croce*".

Maria, ritrovando il figlio, gli dice: "ecco, tuo padre ed io, angosciati, ti cercavamo". La risposta di Gesù è impressionante: "non sapevate che dovevo stare nella casa del Padre?". Da una parte dichiara la consapevolezza della propria identità di Figlio del Padre celeste. Osserva il Papa: "*Gesù la corregge: io sono presso il Padre. Non è Giuseppe mio padre, ma un altro – Dio stesso. A Lui appartengo, presso Lui mi trovo. Può essere espressa più chiaramente la figliolanza divina di*

Gesù?". Dall'altra non viene meno la sua obbedienza filiale ai genitori di quaggiù. "*Egli è nel Tempio non come ribelle contro i genitori, bensì proprio come Colui che obbedisce, con la stessa obbedienza che condurrà alla Croce e alla Risurrezione*". Difatti l'adolescente Gesù ritorna a Nazaret, sottomesso ai genitori e in una bottega artigiana, e secondo l'espressione di Luca cresce "in età, sapienza e grazia" (Lc 2,51-52). "*Dopo il momento in cui aveva sfolgorato l'obbedienza più grande nella quale viveva Gesù, Egli ritorna alla situazione normale della sua famiglia – nell'umiltà della vita semplice e nell'obbedienza verso i suoi genitori terreni*". Già dall'Infanzia, certo gradualmente, Gesù si presenta come vero uomo e vero Dio, come la fede della Chiesa insegna a credere. Il contributo educativo di Maria e Giuseppe, in questo cammino umano e divino, in cui senz'altro hanno più ricevuto che dato, non è da trascurare. E' quanto attesta anche il libro sull'Infanzia di Gesù, ed è un motivo ulteriore di riconoscenza al pontificato di Benedetto XVI.

SAN GIOVANNI PAOLO II

Il papa Giovanni Paolo II (1920-2005), proclamato santo il 27 aprile 2014, rimane nella storia dei devoti di san Giuseppe soprattutto per la sua Esortazione apostolica, dedicata al nostro santo e pubblicata nel 1989, col titolo "Redemptoris Custos" (Custode del Redentore). Questa lettera è come una pietra miliare e rappresenta una sintesi del magistero pontificio su san Giuseppe. Già il titolo è significativo e condensa la visione della sua figura e della sua missione innestata nella vita di Cristo e della Chiesa. Ora ricorre il 25° anniversario di questo documento. Il papa presenta il quadro evangelico che lo riguarda (in particolare il matrimonio con Maria), lo vede come il depositario del mistero di Dio (sottolinea il servizio della paternità e ripercorre i fatti che lo vedono protagonista, come il censimento, la nascita a Betlemme, la circoncisione, l'imposizione del nome, la presentazione al tempio, la fuga in Egitto, la permanenza di Gesù a 12 anni, il sostentamento e l'educazione a Nazaret), lo indica come l'uomo "giusto" e lo sposo, vede il suo lavoro come espressione dell'amore, evidenzia il primato della sua vita interiore, ce lo affida come Patrono della Chiesa. E' forte l'affermazione conclusiva, collegandosi all'invocazione del predecessore Leone XIII: "E' certo, infatti, che questa preghiera e la figura stessa di Giuseppe acquistano una rinnovata attualità per la Chiesa del nostro tempo, in relazione al nuovo millennio cristiano".

Bisogna dire che Giovanni Paolo II, in tutto il suo lungo pontificato di oltre 26 anni, non ha mai omesso di ricordare la figura di san Giuseppe, in particolare nel tempo di Avvento e di Natale, come pure nelle sue feste del 19 marzo e del primo maggio. Lo ha presentato in più occasioni come Patrono dei lavoratori, secondo la proclamazione di Pio XII, recandosi anche nelle fabbriche per incontrare gli operai nel nome di san Giuseppe artigiano. Nel suo libro "Alzatevi, andiamo!", ha visto nel servizio paterno svolto dal Custode del Redentore a favore della Santa Famiglia il modello del ministero per il papa, il vescovo, il sacerdote, il diplomatico...

Il Papa ha confidato di aver pregato san Giuseppe ogni giorno, con le preghiere tradizionali rivolte dai celebranti a san Giuseppe, come sono riportate nel Messale Romano all'inizio e al termine della Messa. E' stata memorabile la beatificazione di fratel Andrea Bessette, umile fondatore della basilica di san Giuseppe a Montreal in Canada, il più imponente santuario del nostro santo nel mondo. E' da ricordare infine la sua storica visita al santuario polacco di san Giuseppe a Kalisz e il dono del suo anello papale, che ha fatto incastonare tra le dita del nostro santo sulla pala dell'altare nella chiesa carmelitana di san Giuseppe a Wadowice, suo paese natale. Nel contempo ha elevato la chiesa a santuario di san Giuseppe. Era il 25° del suo pontificato, quasi un testamento in onore del padre terreno del Signore.

E' bello pregare il nostro santo con le sue parole: "O san Giuseppe, con te, attraverso di te, noi benediciamo il Signore. Egli ti ha scelto tra tutti gli uomini, per essere il casto sposo di Maria, colui che sta alla soglia del mistero della sua maternità e che, dopo di lei, accoglie questa maternità nella fede come opera dello Spirito Santo. Tu hai dato a Gesù una paternità legale nella stirpe di Davide. Tu hai continuamente vegliato con affettuosa premura sulla Madre e sul Bambino per rendere sicura la loro vita e permettere loro di compiere la loro missione. Il Salvatore Gesù si è degnato di sottomettersi a te come ad un padre, durante la sua infanzia e la sua adolescenza e ricevere da te gli insegnamenti per la vita umana, mentre tu condividevi la sua vita, nell'adorazione del suo mistero. Tu ora dimori presso di lui. Continua a proteggere tutta la Chiesa, la famiglia nata dalla salvezza portata da Gesù. Guarda alle necessità spirituali e materiali di tutti coloro che ricorrono alla tua intercessione. Ricordati delle famiglie e in particolare dei poveri: per mezzo di te essi sono sicuri di raggiungere Io sguardo materno di Maria e la mano di Gesù che li soccorre. Amen".

SAN GIOVANNI XXIII

Il papa Giovanni XXIII (1881-1963), anch'egli proclamato santo il 27 aprile 2014, è stato certamente tra i pontefici che più hanno nutrito una forte e tenera devozione verso san Giuseppe. E' una figura quella del nostro santo che, come dice il titolo di una pubblicazione della Libreria Editrice Murialdo, "lo ha accompagnato tutta la vita". Ogni occasione è stata buona per mettere in risalto il legame col santo del suo cuore, santo che portava già nel nome di battesimo: si chiamava infatti Angelo Giuseppe Roncalli.

Quando nel 1925 riceve la nomina vescovile e l'incarico di visitatore apostolico in Bulgaria, non a caso chiede di essere consacrato il giorno della festa di San Giuseppe. Spiega: «Questo santo mi sembra debba essere il miglior patrono e maestro dei diplomatici della Santa Sede! Saper obbedire, saper tacere quando occorra, parlare con misura e con garbo: questo è il diplomatico della Santa Sede, questo è San Giuseppe, sempre obbedienza silenziosa».

Celebrando il cinquantesimo del Concilio Vaticano II, è giusto che sottolineiamo che proprio cinquant'anni fa, con il suo magistero pontificio, san Giuseppe è stato da lui dichiarato patrono del Concilio e fervorosamente invocato come tale nella lettera apostolica "le voci". Vi si afferma: "A nessuno dei Celesti meglio può essere affidato il concilio che a S. Giuseppe, capo augusto della Famiglia di Nazaret, e protettore della Santa Chiesa". E conclude: "O S. Giuseppe! qui, qui è il tuo posto di Protector universalis Ecclesiae. Ti abbiamo voluto porgere attraverso le voci e i documenti dei Nostri immediati antecessori dell' ultimo secolo — da Pio IX a Pio XII — un serto di onore, in eco alle testimonianze di affettuosa venerazione, che ormai si sollevano da tutte le nazioni cattoliche e da tutte le regioni missionarie. Siici sempre protettore"!

Nella Basilica di San Pietro, centro della cristianità, ha voluto che fosse elevato un altare a San Giuseppe, con un bel mosaico che lo raffigura quale Patrono universale di tutta la Chiesa, ponendolo in netta evidenza nell'abside del transetto a sinistra guardando il baldacchino del Bernini.

Ha inserito nel Canone della Messa, all'epoca ritenuto peraltro intoccabile, dopo il nome della Beata Vergine Maria, quello di "san Giuseppe suo castissimo Sposo", proponendone così un culto quotidiano universale.

Ha donato il suo anello papale, l'anello del Pescatore, al santuario di Kalisz in Polonia, facendolo incastonare tra le dita di san Giuseppe nell'icona della Santa Famiglia lì venerata.

Ha insegnato a pregare san Giuseppe con preghiere accorate. E' esemplare la supplica al santo, patrono dei lavoratori, come era stato indicato dal suo predecessore nel 1955. "O S. Giuseppe, Custode di Gesù, Sposo castissimo di Maria, che hai trascorso la vita nell'adempimento perfetto del dovere, sostentando col lavoro delle mani la Sacra Famiglia di Nazareth, proteggi propizio coloro che, fidenti, a Te si rivolgono. Tu conosci le loro aspirazioni, le loro angustie, le loro speranze: ed essi a Te ricorrono, perché sanno di trovare in Te chi li capisce e protegge. Anche Tu hai sperimentato la prova, la fatica, la stanchezza: ma, pure in mezzo alle preoccupazioni della vita materiale il tuo animo ricolmo della più profonda pace, esultò di gioia inenarrabile per l'intimità col Figlio di Dio, a Te affidato, e con Maria, sua dolcissima Madre. Fa che anche i tuoi protetti comprendano di non essere soli nel loro lavoro, ma sappiano scoprire Gesù accanto a sé, accoglierlo con la grazia, custodirlo fedelmente come Tu hai fatto. E ottieni che in ogni famiglia, in ogni officina, in ogni laboratorio, ovunque un cristiano lavora, tutto sia santificato nella carità, nella pazienza, nella giustizia, nella ricerca del ben fare, affinché abbondanti discendano i doni della celeste predilezione".

Giustamente allora san Giovanni XXIII può essere definito "il Papa giuseppino".

SAN PIO X

Il papa Pio X (1835-1914) è benaugurante già dal nome del battesimo che porta, ossia Giuseppe Sarto, legato dunque al nostro santo per il fatto stesso che nella sua festa ricorre il suo onomastico. Durante il suo pontificato approva le Litanie di san Giuseppe per tutta la Chiesa. Ne ricordiamo alcune: "Sposo della Madre di Dio, Tu che nutristi il Figlio di Dio... Dei Genitricis Sponse, Filii Dei nutritiae". E tutte le altre: "Inclita prole di Davide, Luce dei Patriarchi, Custode purissimo della Vergine, Solerte difensore di Cristo, Capo dell'Alma Famiglia, O Giuseppe giustissimo, O Giuseppe castissimo, O Giuseppe prudentissimo, O Giuseppe obbedientissimo, O Giuseppe fedelissimo, Specchio di pazienza, Amante della povertà, Esempio agli operai, Decoro della vita domestica, Custode dei vergini, Sostegno delle famiglie, Conforto dei sofferenti, Speranza degli Infermi, Patrono dei moribondi, Terrore dei demoni, Protettore della S. Chiesa".

Collega al santo il mondo del lavoro e prega: "Glorioso san Giuseppe, modello di tutti i lavoratori, ottenetemi la grazia di lavorare con spirito di penitenza per l'espiazione dei miei numerosi peccati; di lavorare con coscienza, mettendo il culto del dovere al di sopra delle mie inclinazioni; di lavorare con riconoscenza e gioia, considerando come un onore di impiegare e far fruttare, mediante il lavoro, i doni ricevuti da Dio; di lavorare con ordine, pace, moderazione e pazienza, senza mai retrocedere davanti alla stanchezza e alle difficoltà ; di lavorare specialmente con purezza di intenzione e distacco da me stesso, avendo sempre davanti agli occhi la morte e il conto che dovrò rendere del tempo perso, dei talenti inutilizzati, del bene omesso, del vano compiacimento nel successo, cosa funesta all'opera di Dio. Tutto per Gesù, tutto per Maria, tutto a vostra imitazione, o patriarca Giuseppe! Questo sarà il mio motto per tutta la vita e al momento della morte".

Promuove con san Luigi Guanella vicino al Vaticano la costruzione della basilica di san Giuseppe al Trionfale, come pure l'istituzione dell'associazione per i morenti "Pia Unione del Transito di san Giuseppe". Conosce personalmente don Giuseppe Ambrosio, fondatore del santuario di San Giuseppe Vesuviano (Napoli), che si reca più volte a Roma per chiedergli aiuto sia per l'edificazione del Tempio, che per il mantenimento dell'ospizio educativo. San Pio X è dunque un santo caro ai devoti di san Giuseppe. Conviene riscoprire il suo magistero e la sua intercessione.

TERZA PARTE

IL CUSTODE DEL REDENTORE

1. PATRIARCA PADRE PATRONO

Ultimo Patriarca: nel passato si usava di più tale titolo nei riguardi del nostro santo, che lo ricollega alla serie di tutti gli altri Patriarchi che l'hanno preceduto nell'antica alleanza, a cominciare da Abramo 1800 anni prima. Tutti e due chiamati in modo singolare da Dio in un'impensata e sconvolgente avventura, si trovano a dover lasciare i propri progetti e ogni sicurezza per affrontare un'incredibile missione. Si trovano a dover credere a promesse al confine tra i sogni e la realtà. Sono chiamati ad andare contro l'apparenza e a sperare contro ogni speranza; per uno la terra promessa che non si sa dove sia, per l'altro la terra dell'esilio e del nascondimento; per uno un patto nella carne e nel sangue, per l'altro un'alleanza nuova ed eterna; per uno un figlio che tarda a venire, per l'altro un figlio che non è proprio ma di Dio stesso; per uno Isacco da sacrificare su un monte, per l'altro Gesù che si sacrifica per la redenzione del mondo. Davvero, san Giuseppe Patriarca, in cui si compiono le antiche promesse, anello di congiunzione tra l'inizio e la fine di tutta la storia della salvezza.

Padre nella fede: la fede eccezionale di Abramo si rispecchia in quella di Giuseppe - straordinario personaggio biblico o meglio evangelico - totalmente votato ad essere segno e strumento della stessa paternità divina, ad accogliere come autentico figlio Chi gli viene donato dal Cielo, a prendere nella propria casa Maria come Sposa con amore insuperabile, forte e casto; testimone della fede al momento che il Bimbo nasce, lo porta alla circoncisione e lo presenta al tempio; della fede che l'accompagna anche nella fuga in Egitto e che lo rende immagine nuova dell'antico esodo di Mosè e dei suoi padri nel deserto; la fede che gli fa vedere quello che gli altri non vedono nell'ordinarietà della vita a Nazaret; la fede che lo porta ad insegnare a quel figlio la legge e i comandamenti, la preghiera, l'amore e la giustizia; la fede che lo fa trasalire quando smarrisce Gesù a 12 anni e che lo fa rinascere al momento che lo ritrova. Davvero "Padre nella fede" san Giuseppe, superiore ai Padri del Vecchio Testamento.

Patrono della Chiesa: come la promessa divina ad Abramo riguarda la sua paternità verso una discendenza numerosa "come le stelle del cielo e i granelli della sabbia del mare", popolo costituito dagli Ebrei di cui è capostipite e da tutti i cristiani che alla sua fede si rifanno, tanto più ciò si realizza in san Giuseppe. Capo della santa Famiglia, è chiamato ad esercitare la sua paternità sulla grande Famiglia di Dio nel tempo e nello spazio, che è la Chiesa. In lui vediamo quindi il "Padre della Chiesa", un po' come in Maria vediamo la "Madre della Chiesa", di cui siamo costituiti figli. Sappiamo di trovare in lui il Patrono e il protettore di tutti i fedeli. Il suo patrocinio è una vera e propria paternità che esercita nei nostri confronti. Come a suo tempo ha custodito e difeso Gesù, così oggi custodisce e difende dal Cielo i suoi "figli" nel mondo. Riconosciamoci allora come tali e impariamo a vedere in lui non solo il Patriarca e il Patrono, ma anche il Padre che ci assiste e ci guida, a cui ci possiamo rivolgere con affetto di figli e in cui troviamo il riflesso del Padre celeste.

2. FIGLIO DI DAVIDE

"Figlio di Davide": è così che san Giuseppe viene chiamato dall'angelo del Signore. Una definizione che già di per sé la dice lunga sui disegni di Dio che percorrono i secoli e fanno la storia della salvezza. Mille anni prima, col re Davide che entra a Gerusalemme, col profeta Natan che porta la parola di Dio, parte una grande promessa. Non è Davide che costruirà una casa al Signore (secondo la sua intenzione), ma è il Signore che costruirà una casa, o meglio un casato e una discendenza, da cui nascerà colui che stabilirà un regno che non avrà mai fine. L'attesa del Messia, di questo re e liberatore, diventa il sogno dell'antico popolo di Dio. Al tempo di san Giuseppe, c'è chi lo attende piuttosto per riscattarsi dal dominio romano. C'è anche chi l'aspetta affidandosi alla volontà dell'Eterno. Fatto sta che proprio nei sogni di Giuseppe si realizzano quelli di Dio, per vie inattese ed inimmaginabili.

Figlio di Davide: in tale appellativo si raccorda il progetto dell'incarnazione e della redenzione. Si compie, attraverso il sì di Giuseppe e di Maria, la venuta del Salvatore. Giuseppe, dice l'angelo, non deve aver paura: colui che nasce in Maria è opera dello Spirito Santo, è Gesù, colui che libererà il suo popolo dai suoi peccati. Il Custode del Redentore è chiamato alla sua missione, speciale e privilegiata, anzi unica e meravigliosa: essere – nella pienezza del tempo - sposo di Maria e padre di quel Figlio divino. Tramite Giuseppe si realizzano le profezie, trova compimento tutta la genealogia di Cristo, giunge in porto la promessa fatta a Davide e alla sua discendenza. Ricordando le generazioni, il vangelo di Luca risale fino ad Adamo e alla creazione, facendo pensare che Cristo è l'uomo nuovo che comincia la nuova umanità; quello di Matteo arriva ad Abramo e a Davide, evidenziando come in Gesù si ricapitola la storia del suo popolo. Quindi conclude: "Giacobbe generò Giuseppe, lo sposo di Maria, dalla quale è nato Gesù chiamato Cristo" (Mt 1,17).

Figlio di Davide: sta in questo nome il senso profondo del compito a cui è chiamato san Giuseppe, che trasmette a Gesù tutto il percorso della vicenda divina nell'antica alleanza e il medesimo appellativo. Non per niente la gente chiamerà Cristo "figlio di Davide". Matteo mette puntualmente in risalto come nei fatti si compie quanto Dio ha detto ai profeti. La nascita come dice Isaia (Mt 1, 23), la città di Davide, Betlemme, come dice Michea (Mt 2,6), la fuga in Egitto come dice Osea (Mt 2,15), la strage degli innocenti come dice Geremia (Mt 2,18), infine il ritorno a Nazaret (Mt 2,23). Insomma l'attesa messianica, grazie a Giuseppe e alla sua appartenenza alla discendenza davidica, trova il suo definitivo compimento. San Giuseppe "figlio di Davide" ricapitola tutta la storia che ha il suo culmine nella Redenzione.

3. PADRE TERRENO

Papà, abbà! E' proprio questo il termine che Gesù ha usato sia nella sua preghiera che quando ci ha insegnato a pregare col "Padre nostro" che appunto dovrebbe essere meglio tradotto "Papà nostro". Ci sorprende la familiarità e l'intimità di questa parola, ci sembra così eccessiva che pur sapendolo continuiamo a rivolgerci a Dio chiamandolo Padre piuttosto che Papà. La visione cristiana in effetti è rivoluzionaria: ci porta a scoprire nello stesso tempo l'identità di Dio e la nostra stessa identità. Superando tante idee di filosofie e religioni, qui siamo chiamati a capire essenzialmente chi è Dio e chi siamo noi. Dio è il Padre che ci ama immensamente, noi siamo i figli suoi infinitamente amati da Lui. Il carisma di san Leonardo Murialdo ha trasmesso la grandezza di questa realtà e ha condotto a intuire almeno un po' – non senza gratitudine e stupore - le caratteristiche di questo amore di Dio, che è paterno e provvidente, gratuito ed infinito, attuale e personale, tenero e misericordioso. Ci auguriamo che anche chi è lontano e non ha incontrato la vicinanza di questo amore di Dio, chi è forse nella paura di un Dio terribile che giudica e punisce, possa fare l'esperienza gioiosa della figliolanza nei suoi confronti e della fraternità nei riguardi del prossimo. Si tratta infatti di un rapporto da costruire con Lui e con gli altri.

Lo stesso termine "abbà" ha usato mille e mille volte Gesù nei confronti di Giuseppe. Certamente lo chiamava papà, tale era ritenuto dalla gente, tale lo considerava anche Maria. Ci ricordiamo come è Giuseppe, proprio in qualità di padre, che **dà il nome a Gesù**, che lo presenta al tempio, che lo difende dai pericoli, che lo porta alla sinagoga, che gli insegna a pregare e a lavorare, che lo educa e lo fa entrare da adulto nella comunità civile e religiosa. Riflettiamo sul fatto che Gesù per tanti anni è stato sottomesso ai "suoi genitori". Pensiamo a Maria che, nel ritrovare Gesù dodicenne al tempio, rimprovera il figlio con dolcezza: "perché ci hai fatto questo? Tuo padre ed io, angosciati, ti cercavamo!". Sicuramente Giuseppe ha accolto Gesù come vero e proprio figlio, per quanto consapevole del dono singolare ricevuto dall'alto. Sicuramente Gesù si è rapportato con Giuseppe come al papà che il Cielo gli ha dato. C'è una speciale attrattiva che avvolge questo rapporto, come pure quello tra i due sposi, e rende unica al mondo quella Famiglia di Nazaret che vive comunemente tra gli uomini, ma che comune non è, dato che porta dentro Dio stesso. La famiglia di Gesù, Giuseppe e Maria, modello di ogni famiglia, di ogni figlio, di ogni madre e di ogni padre: potremmo dire che nella loro casa - nella loro vita quotidiana umana e divina nello stesso tempo - troviamo "l'attrattiva del tempo moderno".

Ci si è sforzati di definire la paternità di Giuseppe nei confronti di Gesù. Certamente è una **paternità autentica e reale**, sebbene non fondata sulla generazione fisica. E' chiaramente fondata piuttosto sulla volontà di Dio, sul libero riconoscimento del figlio da parte di Giuseppe, e soprattutto sul rapporto instauratosi tra padre e figlio in tanti anni di convivenza familiare, un intreccio di paternità e di figliolanza vissuto concretamente e alla luce del sole senza mezze misure. C'è chi ha chiamato Giuseppe padre putativo, verginale, davidico, nutrizio, legale, adottivo, chi l'ha nominato custode e difensore. Ma è evidente che ogni definizione è imperfetta, dice qualcosa, ma non è esaustiva. Forse conviene recuperare la semplicità e la chiarezza del Vangelo, che senza mezzi termini lo presenta come padre. Gesù lo chiamava "abbà", papà. Maria lo indicava come padre. Al massimo potremmo aggiungere che in san Giuseppe troviamo il "padre terreno" per distinguerlo dal "Padre celeste", distinzione che Cristo stesso adopera poi nella sua vita pubblica. Se Gesù ha voluto essere chiamato "figlio di Giuseppe", noi pure allora riconosciamolo come padre! Non andiamo a cercare aggettivi che alla fine non riescono a dare l'idea giusta di questa paternità che – proprio per il fatto di essere unica – non può essere definita.

4. SPOSA DI GIUSEPPE

Consideriamo la verità del **matrimonio tra Maria e Giuseppe**: vincolo d'amore evidentemente unico al mondo eppure quanto mai esemplare per tutti. Come è vero che gli sposi cristiani hanno tanto da imparare da quei due santi Sposi! L'amore forte e indissolubile l'uno per l'altra, il rispetto del progetto del Creatore sulla coppia, l'aiuto vicendevole nella gioia e nel dolore, la sottomissione alla legge e ai comandamenti, la semplicità della vita quotidiana, la dedizione al proprio figlio (che è sempre dono di Dio), la fedeltà a tutta prova, la laboriosità silenziosa e paziente. Se oggi assistiamo spesso alla crisi della famiglia, alle facili separazioni e ai divorzi, al disimpegno crescente nei riguardi del matrimonio, se anche l'incontro con altre razze, culture e religioni, minano la visione cristiana della vita e del legame coniugale, è ancor più necessario rifarsi al Vangelo e a quella splendida coppia di Giuseppe e Maria che ci viene presentata. Sarebbe dunque significativo se il riferimento ai Santi Sposi non mancasse nelle celebrazioni dei matrimoni e degli anniversari, come pure nelle catechesi per i fidanzati.

Consideriamo l'importanza per noi di **questo Sposalizio**: ci vuol poco a capire che il primo che ha incontrato e amato Maria è proprio Giuseppe. Il modello perfetto di chi si è totalmente dedicato e consacrato a Lei è il suo Sposo. Chi desidera crescere nel rapporto con la Madre celeste può imparare da san Giuseppe più che da chiunque altro. Chi più di lui, per l'intera sua esistenza, le ha detto – con le parole e con i fatti – "sono tutto tuo"? "Totus tuus", le ha dichiarato il papa Giovanni Paolo II all'inizio del suo pontificato e ha rilanciato il Rosario. Preghiera bella e contemplativa, ripetitiva ma non stancante. Nel ridire 10, 50, 200 volte "Ave Maria", non ci si stanca di esprimere alla Madre l'affetto filiale e l'invocazione fiduciosa, meditando il ciclo dei misteri di Cristo, nella gioia e nel dolore, nella luce e nella gloria. E' una questione di amore, e allora l'incontro con chi si ama è desiderato e ricercato. E' pure una questione di realismo, e allora si capisce che nel Rosario ci sono tante necessità da presentare, per noi, per i nostri cari, per la Chiesa e per il mondo intero. Viene allora a proposito l'invito di san Leonardo Murialdo ad essere "arcidevotissimi di Maria".

Consideriamo come **gli Sposi non vanno divisi**. Afferma il Signore stesso "non osi separare l'uomo ciò che Dio ha congiunto"! Questa indissolubilità vale anche per Maria e Giuseppe. Riflettiamo come sia sbagliato dimenticare lo Sposo e disgiungere l'omaggio mariano da quello di colui che per volontà di Dio le è stato posto accanto come marito e protettore. Se è chiaro che chi si fa amico di san Giuseppe non può non esserlo innanzitutto della sua Sposa, purtroppo spesso si trascura che il vero devoto di Maria deve esserlo anche del suo Sposo. E' auspicabile quantomeno che nelle preghiere eucaristiche aggiungiamo dopo il nome di Maria quello di "san Giuseppe suo sposo", che nel Rosario ricordiamo san Giuseppe nel legame con i misteri gaudiosi e nella preghiera "a te o beato Giuseppe" , che nelle litanie invochiamo Maria anche – e doverosamente - come "Sposa di Giuseppe".

5. TRA GIUSEPPE E MARIA

Tra Giuseppe e Maria c'è l'unità, un uomo e una donna che sono un cuor solo ed un'anima sola, modello insuperabile della coppia perfetta, fondata sul matrimonio e benedetta dal Signore. Vale anche per loro quello che dice Gesù: "non osi separare l'uomo ciò che Dio ha congiunto". E' la prima volontà di Dio per Giuseppe espressa dall'angelo in sogno: "non temere di prendere con te Maria come tua sposa" (Mt 1,20); analogamente per Giovanni a cui Gesù in croce dice: "ecco tua madre". Così prendiamo anche noi per sempre Giuseppe e Maria nella nostra casa, ossia nella nostra vita. Non dividiamoli nel nostro affetto e nella nostra preghiera. Entrando nella porta della casa di Nazaret abbiamo tanto da imparare, soprattutto i fidanzati e gli sposati: quel connubio indissolubile voluto dal Signore rimane davanti ai nostri occhi come l'immagine più bella di coloro che, costituendo una nuova famiglia, si amano vicendevolmente, si rispettano nella loro vocazione, si servono con tenerezza e concretezza, mettono al centro le esigenze dello Spirito superando quelle della carne.

Tra Giuseppe e Maria c'è Gesù: quel bimbo, poi ragazzo, adolescente e uomo che cresce è il Figlio di Dio. E' la realizzazione più grande ed eccezionale della promessa di Cristo: "dove due o più sono uniti nel mio nome, io sono in mezzo a loro" (Mt 18,20). Gesù si trova bene con la sua famiglia, dove è aiutato a crescere da tutti i punti di vista: "in età, sapienza e grazia". Ubbidisce ai genitori ed è "loro sottomesso", impara dal loro esempio, è istruito nel lavoro ed introdotto nell'alleanza del popolo di Dio. Sia questo anche il nostro compito: nelle nostre case abitino Gesù, Giuseppe e Maria. Facciamo spazio al Signore in mezzo a noi ed ascoltiamo la sua Parola. Ubbidiamo e restiamo "sottomessi" come Gesù a Giuseppe e Maria, impariamo da loro ad essere fedeli al disegno di Dio, a far crescere la presenza del Signore tra noi, a rafforzare col suo Spirito l'unità delle nostre famiglie, della comunità ecclesiale e dell'intera famiglia umana.

Tra Giuseppe e Maria c'è l'amore, quello fatto senza misura, vissuto nel servizio e nell'umiltà, fino a dare la vita l'uno per l'altro. Il figlio che nasce e cresce in mezzo a loro ha voluto incarnarsi e vivere come un bambino, piccolo, povero ed umile. Ha insegnato ai suoi – innanzitutto ai genitori – la bellezza e la grandezza di una vita vissuta così. Si è fatto piccolo con i piccoli, debole coi deboli, ultimo cogli ultimi. Ha dichiarato: "se non diventerete come bambini non entrerete nel Regno di Dio". Ha avvertito che saremo giudicati sull'amore che abbiamo avuto verso i piccoli e i poveri. Ha dimostrato con i fatti che non esiste amore più grande di chi dà la vita per i suoi amici. In tutto questo troviamo un impegno ineludibile: diventare "bambini", come si è fatto bambino Gesù tra Giuseppe e Maria; darci da fare - come Giuseppe e Maria - per Gesù presente in ogni bambino (Mc 9,37), in chiunque è più debole e maggiormente in necessità.

6. IO HO UN SOGNO

Chi rinuncia ai propri sogni è costretto a morire. Parliamo del sogno di un ideale per cui si lotta e ci si batte. "Io ho un sogno" ("I have a dream") diceva Martin Luther King nella sua profetica azione di pace contro il razzismo. **Il sognatore per eccellenza** è proprio il nostro san Giuseppe. Non è proprio per lui – puntualmente in sogno – che si realizzano cose incredibili? Non aveva altre cose da fare che pensare che proprio nella sua casa si sarebbero compiute le antiche promesse, in un modo che spiazza ogni immaginazione? Eppure nella sua notte, mentre dorme, il buio è rischiarato da una luce impensata. Dice bene il salmo126: "se il Signore non costruisce la casa, invano si affaticano i costruttori, invano vi alzate di buon mattino, tardi andate a riposare la sera e vi guadagnate il pane con fatica, il Signore ne darà ai suoi amici nel sonno"! Inattesa, arriva nei suoi sogni una voce chiara e inconfondibile: "Giuseppe, figlio di Davide, non temere di prendere in sposa Maria". Il nostro santo, disorientato per i suoi piani che vengono sconvolti e per l'evidenza di ciò che appare agli occhi umani, da questo momento non ha più paura e sa ciò che deve fare. Prima pensava addirittura a come attuare il ripudio richiesto dalla legge. Ora invece sa che prendere Maria come sposa e Gesù come figlio è il singolare progetto di Dio per la sua vita.

"Il bambino che lei aspetta è opera dello Spirito Santo" gli vien detto in sogno. Ed ecco che Giuseppe è disposto a **credere all'incredibile**. Sa bene che per Dio nulla è impossibile. Con gli occhi del cuore e con la grazia dello Spirito vede l'invisibile e accetta con amore quanto il Signore gli domanda. Giuseppe dunque si sveglia, fa come l'angelo gli ha ordinato e prende Maria in casa sua. Indubbiamente un momento da lui lungamente sognato e corteggiato. Al bimbo che nasce a Betlemme, come vero padre, secondo la voce ascoltata in sogno, impone il nome di Gesù. E' quanto mai verosimile che Giuseppe, ormai con cognizione di causa, vagheggi e sogni la salvezza messianica portata dal Salvatore che egli stesso presenta al tempio a Gerusalemme. Dopo la visita dei Magi, ancora una volta in sogno, gli appare l'angelo che gli sussurra: "Alzati, prendi con te il bambino e sua madre e fuggi in Egitto. Erode sta cercando il bambino per ucciderlo. Tu devi rimanere là, fino a quando io ti avvertirò". Giuseppe dunque si alza e nottetempo fugge in Egitto. Una fuga che mette tutto a rischio e che farebbe infrangere i sogni di chiunque, davanti alla cruda realtà. Viene a sapere della persecuzione di Erode e della strage degli innocenti a cui è scampato, persecuzione e strage che diventano simbolo di ogni tragedia del mondo, ma il nostro santo non perde coraggio e fiducia.

Con fede, da vero uomo giusto, fa la sua parte contro l'ingiustizia umana e spera nell'aiuto di Dio, finché nuovamente sente quella voce nei suoi sogni: "Alzati, prendi il bambino e sua madre e torna con loro nella terra d'Israele, perché ormai sono morti quelli che cercavano di far morire il bambino". Che cosa c'è di più preoccupante della paura della morte e della perdita del figlio più prezioso e amato? Chi non spera più e non crede ai sogni, quantomeno non si sposterebbe e si chiuderebbe in se stesso. Per san Giuseppe no, c'è da combattere, da difendere e proteggere: che vita magnifica gli si prepara davanti e che avventura meravigliosa lo aspetta! Si rialza con decisione, prende ciò che ha di più caro (il figlio e la madre) e torna in Israele. "Informato da un sogno" - ovviamente – evita di andare in Giudea e si trasferisce a Nazaret in Galilea. Lì avrà tutto il tempo di mettersi a scuola di quel figlio che cresce per scoprire **nuovi sogni** e ben più ampi orizzonti. Guardando dal Cielo alla Chiesa e al mondo perturbato di oggi, san Giuseppe può dire "io ho un sogno"... e noi ben possiamo credergli e contribuire ad attuarlo.

7. IL VANGELO DI GIUSEPPE

Possiamo dire che c'è un "vangelo di san Giuseppe": quello che lui racconta con la sua vita e quello che noi trasmettiamo di lui. Se c'è un personaggio genuinamente evangelico e intimamente legato al mistero dell'incarnazione, questo è proprio Giuseppe, insieme alla sua sposa Maria. E' **un messaggio stupendo** quello che il vangelo di Giuseppe ci comunica, in cui pare dirci a chiare lettere: "ecco, ti porto Gesù, il Salvatore, accoglilo, proteggilo, ascoltalo; fallo crescere nella tua esistenza, nella tua famiglia, nella tua comunità, nella società; custodisci la sua presenza, le sue Parole, meditale nel tuo cuore e mettile in pratica; difendilo davanti a chi non crede, lo rifiuta o lo calpesta; non perderlo mai e se ti succede cercalo e ritrovalo; sii come un padre che ha cura del figlio più caro; sii per lui come un fratello e un figlio, umile e docile ai suoi insegnamenti; lavora alla costruzione del suo Regno di giustizia e di amore; abbandonati tra le sue braccia e scegli di vivere con lui per tutta l'eternità. Ti porto Maria, la mia sposa: prendila con te per sempre, nella tua casa; fatti accompagnare da lei in ogni momento, fin sotto la croce, fino all'ora della morte, come sposa che non ti dimentica, come madre che non ti abbandona".

C'è un impegno che abbiamo nella Chiesa, ed è quello di diffondere il vangelo di san Giuseppe, di promuovere la sua figura e il suo modello di santità. E' un dono e una responsabilità, a cui richiamarci ed essere fedeli, a partire da noi stessi e dal nostro cammino di fede. Sui passi di Giuseppe è nostro compito annunciare quanto è fondamentale seguire la volontà di Dio, essere attenti giorno e notte alla sua voce, attuarla con fedeltà facendo sempre ciò che è giusto. Se c'è una Parola di Gesù, che può ben rappresentare lo spirito di san Giuseppe, è proprio "Padre sia fatta la tua volontà"! E' nostro preciso dovere accogliere Maria, e attraverso lei, Gesù stesso. La **Parola che Giuseppe rilancia**, e che ha permesso si realizzasse grazie anche alla sua disponibilità, è "il Verbo si è fatto carne ed è venuto ad abitare in mezzo a noi". E' proprio la nostra missione, sull'esempio di san Giuseppe che porta Gesù in braccio, quella di presentare Cristo al mondo e di dare con coraggio la nostra testimonianza alla sua Parola: "io sono la luce del mondo". E' nostro obiettivo difendere la famiglia, darci da fare per il mondo del lavoro, combattere le ingiustizie e le discriminazioni, cercare Dio e il suo Spirito piuttosto che il profitto e il consumismo, con la Parola che ci guida: "beato chi ha fame e sete di giustizia".

E' stato detto che se anche per assurdo sparissero tutti i libri del Vangelo dalla terra, noi cristiani potremmo annunciare il Vangelo con i fatti della nostra vita che ridicono le Parole del Signore. Altri hanno parlato del "**quinto vangelo**" che ognuno dei credenti ha da comunicare. Non è fuori luogo allora rilanciare il percorso tracciato dal nostro santo, che supera un discorso di semplice devozione. Non è un fatto marginale da trascurare. "Il vangelo di Giuseppe" ci prepara a vivere in pienezza sia il Natale che la Pasqua: in profondità ci innesta nel mistero di Cristo e della Chiesa.

8. IL MISTERO DI GIUSEPPE

Se si pensa al **mistero dell'Incarnazione,** è evidente che san Giuseppe vi sia coinvolto in prima persona, anche se la sua figura sfugge ai distratti perfino a Natale. La liturgia afferma chiaramente che "alla sua premurosa custodia sono affidati gli inizi della nostra Redenzione". Una Redenzione che comincia con l'attesa e la nascita del Salvatore e che si compie con la croce e la risurrezione, da considerare tutto un unico mistero di salvezza. Mentre di Maria sappiamo della sua presenza anche sul Calvario e a Pentecoste, di Giuseppe non si dice più nulla dopo l'evento – doloroso e gaudioso nel medesimo tempo – della perdita e del ritrovamento di Gesù a 12 anni. E' un "mistero" dell'infanzia del Signore, che va approfondito e getta una luce speciale su quello che si può definire il "mistero di Giuseppe".

Sono dunque passati una dozzina d'anni dal momento in cui Giuseppe riceve l'annunciazione dell'angelo e che accetta quel figlio che deve venire da Dio come se fosse suo figlio, come il Messia atteso dai secoli. Lo ha accolto come tale alla sua nascita, ha esercitato l'autorità paterna facendolo circoncidere, imponendogli il nome e presentandolo al tempio. Lo ha custodito e difeso nella fuga e nell'esilio in Egitto. Lo ha protetto e fatto crescere a Nazaret. Lo ha educato nella Legge e istruito nel lavoro. Ora che è un ragazzo ormai dodicenne, lo porta **in pellegrinaggio a Gerusalemme**. Qui, e non a caso nel luogo che più tardi sarà destinato ad accoglierlo in festa con le palme e poi a crocifiggerlo, Giuseppe perde Gesù. Non si tratta di un fatterello o di un raccontino colorito su di una scappatella adolescenziale! Dato che non è il figlio che si smarrisce – infatti non si scompone minimamente – ma piuttosto sono i genitori a smarrirsi, qui si tratta del mistero di dolore a cui sono chiamati Maria e Giuseppe. Sono loro che si sentono perduti e smarriti nell'assenza inspiegabile del figlio amato.

Passano tre giorni di vuoto e di passione. E non sono proprio tre giorni quelli che passeranno alla fine tra la morte e la risurrezione? Per Maria è un anticipo di quello che succederà. Per tutti e due è "una spada che trafigge l'anima", secondo la profezia di Simeone. **Per Giuseppe è l'ora cruciale**, quella in cui capisce che non c'è più bisogno di lui, quella della croce in cui grida il suo abbandono, in cui impara a saper perdere e a dare la vita. Finalmente ritrova il figlio con i maestri della Legge nel tempio. Già, quella è la casa sua, dove abita il Padre celeste. Il padre terreno ha svolto il suo compito di Custode del Redentore. Ora è il Redentore che deve prepararsi alla sua opera di salvezza. Il Figlio deve crescere e lui deve diminuire, anzi scomparire nel nulla. La madre dice al figlio: "tuo padre e io, angosciati, ti abbiamo cercato". Mette avanti il padre ed è giusto così. Proprio per lui, più che per lei, è avvenuto lo smarrimento. Ma è solo un passaggio: avviene il ritrovamento, come ci sarà la risurrezione. Giuseppe ritrova Gesù e d'ora in poi, non più come maestro ma come discepolo, si mette al suo servizio. In un silenzio che lo avvolge nel mistero fino alla fine, finché muore col suo conforto, finché lo ritrova per sempre in Paradiso. Il mistero di Giuseppe in effetti prepara e anticipa quello pasquale.

9. I TRE GIUSEPPE

L'antico Giuseppe. E' il figlio prediletto di Giacobbe; pur essendo il penultimo dei figli, è attraverso di lui che si rinnova la storia della salvezza. E' l'uomo dei sogni, svelati con la luce di Dio. E' perseguitato dai fratelli e venduto come schiavo in Egitto. Crede alle promesse del Signore, è giusto, integro e fedele. Diventa l'uomo di fiducia del Faraone che lo mette a capo dei suoi beni: "andate da Giuseppe – egli comanda – e fate tutto quello che vi dirà!". I fratelli, la sua gente e l'intero popolo si salva dalla carestia grazie a lui. "La nostra salvezza – gli dicono – è nelle tue mani!". Ricongiunge la sua famiglia ed è strumento provvidenziale per le generazioni future.

Giuseppe d'Arimatea. Nello smarrimento generale, per la crocifissione e la morte di Gesù, è lui che lo cerca e lo segue fino al Calvario. Condivide il dolore di Maria, della Madre Addolorata, e la sostiene. Con coraggio chiede a Pilato il suo corpo e lo custodisce con amore. Lo porta nel suo sepolcro, in una grotta scavata nella roccia. E' lì che avviene la risurrezione di Cristo. Il suo non è solo un gesto di giustizia e di misericordia, ma è l'uomo di cui il Signore si serve per i suoi piani, che si compiono in modo imperscrutabile e sorprendente, spiazzando ogni logica umana. Quando tutto sembra finire, tutto invece comincia.

Giuseppe di Nazaret. Da secoli la Chiesa e l'interpretazione biblica tradizionale vede nell'antico Giuseppe una figura anticipatrice, oltre che di Gesù stesso, di san Giuseppe. Effettivamente molti aspetti della storia narrata nel libro della Genesi si possono applicare in senso accomodatizio al nostro santo. Non è lui il figlio prediletto del Padre celeste, che lo sceglie addirittura a rappresentarlo in terra nel mistero dell'Incarnazione? Non è lui l'uomo dei sogni di Dio, nei quali è svelato il suo disegno con la nascita del Figlio divino? Non è anche lui perseguitato, tanto da fuggire con la sposa e il bambino in Egitto? Non è proprio lui l'uomo giusto, integro e fedele per eccellenza? Non ha avuto il Signore tanta fiducia in lui, da affidargli Gesù e Maria, i suoi beni più preziosi? da metterlo a capo della sua famiglia in terra? Non è lui che per anni sostenta il figlio e la madre, col suo lavoro? Ben a ragione allora si applicano a san Giuseppe le frasi bibliche: "Andate da Giuseppe! Fate quello che egli vi dirà", e ancora come l'antico popolo di Dio oggi la Chiesa si affida alla sua protezione: "La nostra salvezza è nelle tue mani"… Analogo discorso può valere anche per Giuseppe d'Arimatea. Il nostro santo non è fisicamente presente nell'ora della croce. Ha vissuto però con angoscia, in tale prospettiva, lo smarrimento di Gesù dodicenne. Lo ha cercato e finalmente lo ha trovato dopo tre giorni... Chi più di lui ha sostenuto Maria e condiviso i suoi dolori? Chi più di lui ha custodito con coraggio e amore il corpo di Gesù, ha saputo difenderlo e nutrirlo? Chi, come lui e Maria, l'ha concretamente accolto come figlio nella sua nascita in una povera grotta? Non è stato lui l'uomo di cui il Signore si è servito per la realizzazione dei suoi piani? Bisogna essergli grati, pensando ai personaggi omonimi che l'hanno preceduto e seguito.

10. L'AMORE DEL PADRE

San Giuseppe non è disgiunto dall'annuncio di Dio Amore. Anzi possiamo dire che è l'uomo che meglio rappresenta il Padre ed il suo immenso amore. Dio ha accompagnato l'umanità fin dalla creazione e col popolo eletto si è fatto particolarmente presente e operante. La sua fedeltà supera i secoli e i millenni. Col suo "braccio potente" l'ha guidato, con i fatti e con le parole, attraverso i patriarchi e i profeti gli è stato vicino. Nella pienezza del tempo congiunge l'antica e la nuova alleanza. Il suo patto, come quello dello sposo con la sposa, inizia a realizzarsi con il sì di Maria e di Giuseppe. Figlio di Davide, san Giuseppe è il suggello delle antiche promesse. Alla sua "custodia premurosa" viene affidato l'inizio della redenzione. Come era attento il nostro santo ai disegni di Dio, come ha fatto suoi i sogni del Cielo rivelatigli dall'angelo, come ha atteso con fiducia la venuta del Messia nella sua casa!

San Giuseppe è stato chiamato da Dio a far da padre a quel figlio che è il Figlio di Dio, quindi è proprio la sua specifica vocazione quella di rappresentare il Padre celeste. E' il "padre terreno" che fa le veci di quello "dei cieli". Tale missione in effetti ha esercitato per decenni accanto a Gesù, con tutta la premura e l'amore paterno che possiamo immaginare. Come padre era riconosciuto dai contemporanei:

"Gesù, figlio di Giuseppe di Nazaret" (Giov 1,45). Come padre era presentato da Maria: "ecco, tuo padre e io, angosciati, ti cercavamo" (Lc 2,48). Col nome di padre era naturalmente chiamato da Gesù. Giuridicamente, il fatto che gli ha imposto il nome nella circoncisione significa esattamente che lo ha riconosciuto come figlio, davanti a Dio e agli uomini. Praticamente, lo ha difeso e protetto fin dalla nascita, lo ha custodito in esilio in Egitto, gli ha procurato il necessario per vivere e ha contribuito alla sua crescita a Nazaret. Educativamente, diventato il figlio grandicello, gli ha insegnato a pregare e a lavorare, lo ha accompagnato in sinagoga e al tempio, lo ha introdotto nella legge di Dio e del suo popolo…

Quando Gesù nella sua predicazione ha presentato Dio come Padre buono e misericordioso, non ha potuto dimenticare la bontà e la misericordia imparata da Giuseppe; quando ha insegnato a rivolgersi a Dio col termine "Abbà", non ha fatto altro che riprendere l'esperienza familiare col padre terreno chiamato appunto "papà"; quando ha raccontato del Padre che ha cura dei figli, che provvede loro da mangiare e da vestire, si è ben ricordato delle cure ricevute dai genitori; quando ha parlato del padre che cerca e aspetta il figlio perduto, ha rammentato il suo stesso smarrimento a 12 anni; quando ha richiamato alla giustizia e all'amore verso i piccoli e i poveri, deve aver pensato all'esempio di Giuseppe giusto e amorevole; quando nelle similitudini si è riferito alla natura e alle stagioni, agli uccelli del cielo e ai gigli dei campi, agli operai nella vigna che fanno il loro lavoro o ai servi fedeli e prudenti che il padrone mette a capo dei suoi averi, avrà tenuto presente quanto ha appreso da san Giuseppe, figura trasparente dell'amore del Padre.

11. IL SANTO GIUSTO

E' il Vangelo stesso che definisce "giusto" san Giuseppe, con un termine lusinghiero e più pregnante di quanto appaia a prima vista. Giusto in pienezza è soltanto Dio; di conseguenza si avvicina alla Giustizia chi si avvicina a Lui, chi osserva i suoi comandamenti e fa propria la sua volontà. E' giusto ed è "beato chi trova in Lui la sua forza e decide nel suo cuore il santo viaggio", come dice il salmo. Nelle beatitudini Gesù dichiara beato "chi ha fame e sete di giustizia", ossia è giusto "chi desidera ardentemente ciò che Dio vuole", come traduce la Bibbia in lingua corrente. Se c'è un uomo giusto, che non cerca di fare altro che la volontà di Dio, quest'uomo è proprio Giuseppe. Non per niente il Padre eterno, per l'incarnazione del Figlio, nella pienezza del tempo, ha pensato a lui, uomo di fiducia a tutta prova.

In un frangente così delicato, come la divina maternità di Maria, ci voleva uno sposo come lui che – giusto - decide di non esporla al ripudio, di usare misericordia e amore, di credere all'incredibile. Vigile sognatore del Vangelo, è sempre attento ai disegni di Dio. E' disposto a fare quello che Dio gli domanda, senza tentennamenti, a prendere per sempre Maria come sposa e Gesù come figlio. E' pronto a sacrificarsi e a pagare di persona per essere fedele alla missione ricevuta, nella buona e nella cattiva sorte, dovunque Dio lo chiama: a Nazaret, a Betlemme, in Egitto, in patria e in esilio. E' carpentiere e falegname, lavoratore e costruttore, nella fatica e nella quotidianità dell'esistenza, con gli arnesi e l'arte manuale, ma è soprattutto costruttore di pace e di giustizia, di amore e di famiglia, nel mondo in cui vive, a partire dall'invidiabile rapporto costruito con quella Sposa e con quel Figlio che sono lo scopo della sua vita.

In una situazione così difficile, come quella della fuga in Egitto, ci voleva un protettore come lui, capace di difendere e di esporsi a costo della vita, di nascondere e custodire il mistero di Dio in terra, di rispondere con amore all'odio e all'ingiustizia. Oppresso ed esiliato, non si ribella a Dio e alle avversità, ripaga piuttosto il male col bene. Come san Giuseppe capisce anche oggi dal Cielo chi soffre per il male e l'ingiustizia del mondo, chi è rifiutato ed emarginato, chi è straniero o emigrato, chi è messo alla prova dalla sventura. E' il "santo giusto" per tutti, in particolare per gli ultimi e i deboli, i sofferenti e i tribolati. Come è ingiusto dimenticarlo e non invocarlo in mezzo alle necessità, talora così gravi della Chiesa e del mondo. Invochiamo allora san Giuseppe perché siano rispettati, in ogni modo e in ogni luogo, la dignità e i diritti della persona umana. Preghiamo perché nel cuore di ogni uomo, anche dove c'è oppressione e discriminazione, violenza e intolleranza, prenda dimora la pace.

12. ESSERE GIUSEPPE

San Giuseppe ci appare come chi più di ogni altro ha messo **Cristo al centro** della propria esistenza. Nel suo caso non ci troviamo in qualche oscuro passo dal dato storico incerto o in un fronzolo devozionale che poco ha a che fare col Signore della storia. Ci troviamo invece "nella pienezza del tempo". Basta riferirci al Vangelo e vediamo che insieme a Maria, ha avuto la grazia eccezionale di preparare la nascita di Gesù, di stargli vicino per trent'anni, di conoscerlo, amarlo e servirlo in ogni giorno della sua vita, di difenderlo e aiutarlo a crescere nel medesimo tempo come figlio suo e Figlio di Dio. A volte alcuni santi li ammiriamo perché hanno avuto un'apparizione o qualche esperienza diretta con il Signore; pensiamo a san Cristoforo o a sant'Antonio raffigurati col bambino Gesù o ad altri, ma davvero impallidiscono nel confronto con quanto ha vissuto san Giuseppe nella sua famiglia a Nazaret con quel Figlio e con quella Sposa. Chi in fin dei conti è più "evangelico e cristocentrico" di lui?

Non è da sottovalutare l'importanza dei santi e in particolare della **centralità di san Giuseppe** nel mistero di Cristo e della Chiesa. Il papa Giovanni Paolo II ha messo bene in risalto il ruolo dei santi anche nella nostra epoca. In più occasioni ha evidenziato il compito di san Giuseppe e ha firmato la lettera apostolica "Redemptoris Custos", vero e proprio compendio sulla figura del nostro santo. Indubbiamente va pregato e invocato in tutte le necessità, lui che è Padre del Figlio Dio e Sposo della Madre di Dio, Immagine del Padre celeste e Capo della Santa Famiglia, Intercessore potente e Amico provvidente, Patrono della buona morte e di tutta la Chiesa. Ma soprattutto va imitato per tanti motivi. Basta scorrere le litanie: Specchio di pazienza e di vita interiore, giglio di purezza, umiltà e carità, modello di laboriosità e di vita nascosta, esemplare nella volontà di Dio e nell'amore a Gesù e a Maria, protettore delle famiglie e dei genitori, sostegno dei lavoratori, dei consacrati e degli educatori, conforto dei poveri, dei sofferenti e degli oppressi...

La cosa più bella, nell'imitazione di Maria e anche di san Giuseppe, è mettersi sui loro passi, in modo da diventare il più possibile un "prolungamento della loro presenza" nel mondo. Se siamo autentici amici e devoti di san Giuseppe, **veri "giuseppini"**, abbiamo davanti l'obiettivo di "essere Giuseppe", affidandogli ogni giorno la nostra vita, così da caratterizzarla sempre più con quelle qualità che riconosciamo in lui e per le quali lo invochiamo. Opportunamente la Regola dei Giuseppini invita ad essere "riconoscenti al Signore per essere stati scelti a continuare nella Chiesa il suo spirito e la sua missione". Di don Giuseppe Ambrosio (fondatore del santuario di San Giuseppe Vesuviano) si attesta che a suo tempo per molti la sua visita periodica diventava l'appuntamento della visita di san Giuseppe nella loro casa. Chissà che sia giunto il momento buono per imparare ad "essere Giuseppe" negli ambienti in cui viviamo.

13. NELLA TUA VIA LA NOSTRA VIA

San Giuseppe presenta con la sua vita un carisma, quello che chiamiamo "lo spirito giuseppino". Troviamo nella via che egli ha percorso un itinerario tracciato in qualche modo anche per noi, che intendiamo accogliere il suo stile e il suo modello di santità. Per quanto costellata di alcuni avvenimenti eccezionali e perfino singolari, vediamo che a grandi linee la sua via può essere anche la nostra. Diciamo anzi che l'esempio di san Giuseppe, in qualità di Patrono di tutta la Chiesa, non è solo uno stile specifico, per chi ha una particolare devozione , ma è una linea di santità propria del cristianesimo e dell'ecclesiologia. Non può mancare alla Chiesa la dimensione istituzionale né quella carismatica. Non le può mancare il profilo petrino né quello mariano. Non le deve mancare, aggiungiamo noi, nemmeno quello giuseppino. Non per niente troviamo la storia di Giuseppe intrecciata con quella di Gesù e Maria; non per nulla il primo bozzetto di Chiesa si rispecchia in quella Famiglia di Nazaret, vista da molti come l'immagine terrena della Trinità celeste. Non è poi da credere che, essendo il nostro santo un uomo di poche parole, abbia poco da dire alla Chiesa e al mondo. Non esiste quindi solo la "Via Crucis" o la "Via Mariae"; c'è anche la "**Via di Giuseppe**", da fare nostra. E allora ripercorriamo la sua avventura, imparando quelle che possono essere come le tappe essenziali del cammino di fede. Eccone un rapido schema.

L'Annunciazione: come san Giuseppe che cambia i suoi sogni e i suoi progetti per quelli di Dio, intraprendiamo "la via giusta", facendo quello che il Signore vuole da noi e rispondendo alla vocazione a cui ci chiama. *Lo sposalizio*: come Giuseppe che sposa Maria e intesse con lei una nuova vita, prendiamo anche noi la Madonna per sempre nella nostra casa, e diamo senso alla nostra esistenza mettendo l'amore al primo posto, per Dio e per il prossimo. *Il Natale*: come Giuseppe fa spazio a Gesù nella sua vita, prendendolo come figlio e vivendo per Lui, accogliamo il Signore che viene, che si fa presente nella nostra storia personale e in quella del mondo intero. *La presentazione*: come Giuseppe porta Gesù al Tempio, dove viene riconosciuto "luce per tutte le genti e gloria del suo popolo", presentiamo Cristo al mondo di oggi, la luce del suo Vangelo, la salvezza da Lui portata. *La fuga in Egitto*: come Giuseppe che, vero e proprio custode del Redentore, protegge e difende Gesù, portandolo in salvo in esilio, difendiamo il Signore e la fede in Lui davanti all'odierna indifferenza e all'opposizione.

La santa Famiglia: come Giuseppe in trent'anni con Gesù e Maria ha vissuto nella semplicità della convivenza familiare, impariamo a costruire relazioni fraterne verso quell'ideale di "ben unita famiglia" che ci viene rappresentato. *La bottega di Nazaret*: come Giuseppe lavora nella quotidianità e nella povertà, nel silenzio e nel nascondimento, siamo fedeli al nostro lavoro in umiltà e carità, portando avanti il compito affidatoci, contenti dell'essenziale. *Lo smarrimento*: come Giuseppe cerca Gesù instancabilmente finché lo ritrova, non ci scoraggiamo nelle difficoltà e nei momenti di abbandono, cerchiamo sempre quello che vale di più e riscopriamo la presenza del Signore. *La morte*: come Giuseppe lascia questa terra tra le braccia di Gesù e di Maria, ci prepariamo all'ultima ora, alla nostra morte e al paradiso, affidandoci interamente a Dio, a Gesù, Giuseppe e Maria.

14. ASCOLTIAMO LA VOCE

Se ascoltiamo **la voce degli altri**, ci accorgiamo che questo vale più del nostro correre, quando indaffarati nelle cose da fare passiamo sopra le relazioni con le persone. Anche quando stiamo insieme, spesso prevalgono il rumore, i nostri pensieri, i nostri tempi e le nostre musiche; ce la cantiamo e ce la suoniamo senza veramente essere aperti a chi ci è vicino. Non abbiamo tempo per vedere chi incontriamo e presi dai nostri progetti non ci accorgiamo di chi abbiamo davanti; non ci rendiamo conto delle situazioni, dei bisogni che ci sono, e in realtà perdiamo il nostro tempo. Da qui scaturiscono pure le incomprensioni e le rotture, le rivalità e le contese che rovinano la nostra vita. Marito e moglie, genitori e figli, parenti e vicini di casa, colleghi di lavoro, amici, rapporti che saltano, perché – diciamo la verità – non ascoltiamo, siamo pieni di noi stessi e dei nostri punti di vista, non siamo capaci di "farci uno" con l'altro, svuotando noi stessi, mettendoci nei suoi panni, imparando ad amare così, cominciando ad ascoltare. Che miracolo a questo punto: famiglie che si ricostruiscono, relazioni che vengono ricucite, rapporti che si ritrovano, affetti che riprendono vita.

Se ascoltiamo **la voce di Dio**, e non ci "mettiamo la maschera" davanti ai nostri occhi, sentiamo dentro di noi "una voce" spesso soffocata dal tran tran di ogni giorno, dalle preoccupazioni materiali, dal frastuono esterno, la voce dello Spirito che abita in noi. E' la voce della coscienza che ci dice ciò che è giusto. E' la voce di Dio che ci parla, che ci indica la sua volontà, che ci richiama ai suoi comandamenti, principalmente all'amore per lui e per il prossimo. Era un vero e proprio ritornello per l'antico popolo di Dio: "Ascolta, Israele: il Signore tuo Dio è l'unico Signore, tu lo amerai con tutto il cuore, con tutta la mente, con tutte le forze e con tutta l'anima"… Era un vero e proprio modo di affrontare la vita per san Leonardo Murialdo; a lui da giovane si attribuiscono queste parole: "Ascolta e comprendi le voci dell'universo, della tua terra, della gente, la voce dei sofferenti, dei poveri, degli oppressi; solo così imparerai a leggere nei segni dei tempi e a sentire il richiamo di Dio e delle anime". La sua Parola deve essere allora il nostro pane quotidiano.

Se ascoltiamo **la voce di san Giuseppe**, impariamo uno spirito particolare che ci aiuta a vivere in profondità ogni vicissitudine dell'esistenza. Maria, e anche Giuseppe, non badavano all'apparenza e non si fermavano alla superficialità delle cose: "le conservavano, meditandole nel proprio cuore". E' un vero e proprio "spirito mariano e giuseppino" quello di "vivere dentro", con una spiccata attenzione all'interiorità, a capire le situazioni, vedendole con gli occhi della fede, leggendole con l'ottica lungimirante della speranza, vivendole con quell'amore che tutto crede, vince e sopporta. Ascoltiamo dunque questa voce e facciamo sentire la nostra voce a san Giuseppe. Nel silenzio e nel raccoglimento, il nostro santo ci ascolta e ci rimanda alla Parola eterna del suo Figlio divino.

15. CON LA GUIDA DELLA STELLA

C'è una stella che guida i Magi che dall'oriente, in un lungo viaggio, trovano il luogo tanto cercato a Betlemme, dove si trova il Re dei re. Insieme a Gesù, il Salvatore del mondo, trovano Maria e Giuseppe: la presenza di Dio fattosi Bambino, non in un palazzo reale, ma tra la povera gente, in mezzo innanzitutto a quei due Sposi che l'hanno accolto senza riserve nella loro vita. La nascita di Cristo ha portato la "rivoluzione" nel mondo, spiazzando l'idea dei sapienti, di ogni uomo, di ieri, di oggi e di domani, su quello che è lo "stile di Dio" venendo sulla terra, che sceglie non la forza dell'onnipotenza ma l'umiltà della donazione di sé. E' una rivoluzione che avviene innanzitutto nella Madre di Dio e nel padre terreno di Gesù. Soffermandoci sul compito a cui è stato chiamato san Giuseppe, ci avvediamo che per la sua cooperazione al mistero dell'incarnazione, è stata sconvolta da quel momento in poi tutta la sua esistenza. Il viaggio di Giuseppe da Nazaret a Betlemme è **la prima icona** di questo cammino incontro a Cristo a cui sono chiamati tutti i credenti. Non ci sono più per Giuseppe altri pensieri e progetti se non quello di vivere per Cristo, con Cristo e in Cristo. Ciò che il nostro santo ha vissuto alla lettera diventa l'ideale per tutta la Chiesa.

Attraverso di lui, come attraverso tutta la schiera dei santi, ha sottolineato Benedetto XVI con i giovani, "il Signore lungo la storia ha aperto davanti a noi il Vangelo e ne ha sfogliato le pagine". La pagina di Vangelo aperta da Dio con san Giuseppe è proprio quella che spalanca l'accoglienza al Salvatore e che ribalta la vita: non più cercare se stessi o inseguire i propri desideri, ma cercare sempre il Signore, trovarlo e adorarlo "con grandissima gioia", offrirgli come i Magi i nostri doni più preziosi, o meglio come Maria e Giuseppe, donargli noi stessi e vivere solo per servirlo e portarlo ai fratelli. Così si diventa luce per gli altri, segni della luce di Cristo. In effetti **la stella luminosa** che guida nella notte e porta con certezza a Gesù, è rappresentata in modo splendido dai nostri due personaggi: da Maria, indicata come la "stella della nuova evangelizzazione", a cui guardare per non perdersi nei pericoli della vita; e poi da Giuseppe, astro lucente che conduce chiaramente a Gesù e a Maria, invocato come Custode paterno del Redentore e Patrono della Chiesa universale.

Se il mondo va male e molti sono a rischio della sopravvivenza, se non diminuisce la preoccupazione per le guerre e la violenza, per il terrorismo e l'intolleranza, è ancora più necessario levare lo sguardo verso l'alto e lasciarsi guidare dalla stella. Portare il divino nell'umanità, il Cielo sulla terra, è il sogno da realizzare, la "rivoluzione" da fare. Una rivoluzione che parte da se stessi con la conversione e trasforma la società. D'altra parte i santi sono "i veri riformatori", dice il Papa: "solo dai santi, solo da Dio viene **la vera rivoluzione**, il cambiamento decisivo del mondo". E' importante in questo tragitto farsi accompagnare in particolare da san Giuseppe e dalla luce della sua stella: permettere al Signore di nascere e rinascere nella nostra vita, crescere nel suo amore, difendere la fede, costruire un mondo più giusto e fraterno, diventa d'ora in poi sul suo esempio il compito rivoluzionario di ogni cristiano.

16. LA VOLONTA' DI DIO

L'uomo della volontà di Dio: san Giuseppe può essere definito proprio così. Ha centrato l'obiettivo della sua esistenza e ne ha fatto un capolavoro, che splende nei secoli, grazie alla sua disponibilità a fare fino in fondo quello che Dio gli ha domandato. Se avesse seguito i suoi progetti invece che quelli di Dio avrebbe sbagliato strada e non sarebbe diventato ciò che è stato: il padre terreno del Redentore e il casto sposo di Maria. Due titoli che ne hanno fatto un personaggio unico al mondo e il più grande dei santi. Non si è fidato dei suoi desideri e delle sue idee, si è lasciato guidare dai pensieri e dai sogni di Dio. Fa impressione l'immediatezza delle sue risposte a quanto il Signore gli chiede. "Non aver paura di sposare Maria... Tu lo chiamerai Gesù... Alzati e fuggi in Egitto... Ritorna a Nazaret..." gli viene detto volta per volta. E rispondendo con esemplare prontezza, conclude il matrimonio con la sposa, dà il nome al figlio e lo riconosce come suo, fugge in Egitto e rimane in esilio, torna a Nazaret con la madre e il bambino: fa sempre, subito e con gioia la volontà del Signore.

L'uomo che si è fatto scegliere da Dio: veramente tale è stato il nostro santo. Non ha rincorso le proprie scelte ed intenzioni, ma si è fatto scegliere e prediligere dal Cielo. Si è assoggettato in tutto e per tutto ai voleri di Dio: alla legge di Mosè, al censimento romano, al rito della circoncisione, alla presentazione al tempio, alla persecuzione di Erode, al lavoro quotidiano con il sudore della fronte, all'esercizio di una paternità incredibile, all'ordinarietà di un'intera vita nascosta... Sta proprio qui, nell'adesione momento per momento alla chiamata del Signore, nella risposta fedele alla nostra vocazione, la lezione universale di santità che offre san Giuseppe. Appaiono dirette innanzitutto a lui le parole di Gesù: "Non voi avete scelto me, ma io ho scelto voi e vi ho destinato a portare molto frutto". Sembrano sgorgare dal suo cuore le espressioni del lungo salmo 118: "Beato l'uomo di integra condotta, che cammina nella legge del Signore. Beato chi è fedele ai suoi insegnamenti e lo cerca con tutto il cuore… Benedetto sei tu Signore, mostrami il tuo volere… Nella tua volontà è la mia gioia, mai dimenticherò la tua parola…".

L'uomo che porta a Dio: nessuno più del nostro santo sa condurci al Signore. Insieme a Maria, Giuseppe è stato il più vicino a Gesù. Sa bene come insegnare ad accoglierlo, farlo crescere, proteggerlo, ascoltarlo, in noi e attorno a noi. San Giuseppe è con noi non per portare se stesso, ma per presentare e donare Gesù. Intercede per noi perché apprendiamo i sentimenti di Cristo e diventiamo "miti e umili di cuore". Ci è vicino per farci capire la volontà del Padre ed aiutarci a metterla in pratica come lui ha fatto, "come in Cielo così in terra". In Cielo infatti si è beati, nella gloria dei santi, perché immancabilmente si fa la volontà di Dio, mentre sulla terra troppo spesso non accade. Benedetto XVI nel suo libro su Gesù di Nazaret sottolinea: "dove si fa la volontà di Dio, è cielo"! San Giuseppe è definito "giusto" dal Vangelo; il che – come dice il Papa - significa proprio questo: "vivere della parola di Dio e così della volontà di Dio ed entrare progressivamente in sintonia con questa volontà".

17. MODELLO DI CARITA'

La Parola fondamentale da vivere per il cristiano è quella in cui Gesù dice espressamente: "**qualunque cosa avete fatto ad uno di questi miei fratelli più piccoli l'avete fatto a me**" (Matteo 25,40). In questa semplice frase è racchiuso nello stesso tempo l'amore per Dio e per l'uomo. In modo del tutto speciale san Giuseppe ha vissuto questa Parola. Essendo "giusto", cerca sempre la giustizia, quello che Dio vuole, innanzitutto dunque la carità. Osservante della Legge di Mosè, rispetta i comandamenti del Signore, li tiene sempre "come un pendaglio" davanti agli occhi, per amarlo "con tutto il cuore, la mente e le forze". Quante volte, in casa o in sinagoga, nel rapporto con Maria e nell'educazione di Gesù, si rifà ai salmi e ai profeti e gli rimangono impresse le parole di Isaia: "Se toglierai di mezzo a te l'oppressione, il puntare il dito e il parlare empio, se offrirai il pane all'affamato, se sazierai chi è digiuno, allora brillerà fra le tenebre la tua luce, ti guiderà sempre il Signore" (Is 58,9-11). Il nostro santo si fa dunque guidare dal Signore e anche nella notte più buia ritrova la sua luce: basta pensare all'angoscia in cui si dibatte prima di ricevere l'annunciazione dell'angelo e di ratificare il matrimonio con Maria…

Certamente **Giuseppe ha vissuto la carità concretamente**, con lealtà e onestà, con misericordia e attenzione verso i più poveri, nei riguardi di chiunque ha incontrato sulla sua strada, nel momento della nascita del Figlio di Dio, nella persecuzione di Erode e nell'esilio in Egitto, e poi nei lunghi anni del suo lavoro a Nazaret. Sicuramente, come "buon samaritano", si è fermato davanti alle necessità dei fratelli ed è andato incontro a chi era maggiormente nel bisogno, "senza distogliere gli occhi" dalla sua gente. Indubbiamente tale atteggiamento ha insegnato anche a Gesù, negli anni della sua infanzia e adolescenza. L'attenzione ai bisognosi, il richiamo alla carità e alla solidarietà verso il prossimo, che gareggia col primo comandamento (l'amore del Signore), non diventerà nella predicazione del figlio un riflesso di quanto ha imparato anche dal suo padre terreno? L'affermazione del Papa Benedetto XVI è significativa: "Non si esagera se si pensa che proprio dal "padre" Giuseppe Gesù abbia appreso – sul piano umano – quella robusta interiorità che è presupposto dell'autentica giustizia, la "giustizia superiore", che Egli un giorno insegnerà ai suoi discepoli".

C'è però un altro aspetto che rende il nostro santo "modello di carità" in una forma tale che supera quella di chiunque altro. La più grande solidarietà infatti si manifesta nel **riconoscere, amare e servire Gesù stesso nei piccoli** e nei bisognosi. Chi più di lui – certo in comunione con la Sposa – può dire in tutta verità di aver dedicato la vita precisamente a questo? Il Signore ben può dare il premio finale a Giuseppe, e dirgli letteralmente: "Vieni, benedetto dal Padre mio, ricevi il premio preparato per te fin dalla fondazione del mondo. Perché ho avuto fame e mi hai dato da mangiare, avevo sete e mi hai dato da bere, ero nudo e mi hai vestito, ero forestiero e mi hai accolto…". Quante volte e per quanti anni infatti san Giuseppe ha dato da mangiare a Gesù, gli ha dato da bere, l'ha accolto come figlio, l'ha servito e l'ha seguito facendosi suo discepolo? L'augurio allora è che il cristiano impari proprio dal nostro santo ad amare e servire Cristo nei piccoli e nei poveri, nei vicini e nei lontani, nei rifiutati e negli emarginati, negli immigrati e negli oppressi, nei bambini e nei giovani maggiormente bisognosi di aiuto e di educazione cristiana.

18. S. FAMIGLIA: IL CIELO IN TERRA

In verità mai la terra è stata così toccata dal Cielo, come quando a Nazaret duemila anni fa, grazie al sì di una coppia di sposi, ossia di Maria e di Giuseppe, si è incarnato il Salvatore. Giustamente proprio da quell'evento che ha diviso la storia in due – prima e dopo Cristo – noi calcoliamo gli anni, i secoli e i millenni. E' infatti l'avvenimento più importante: Dio che si fa uno di noi e abita in mezzo a noi. Davvero **il Cielo in terra**: il Signore del cielo e della terra in una semplice famiglia umana. Gesù, in mezzo a Maria e a Giuseppe: una famiglia più santa non c'è. Quando si pensa all'ideale dei fidanzati e degli sposi, dei genitori, delle mamme e dei papà, come pure dei figli che crescono nella più completa armonia di età, sapienza e grazia, bisogna riferirsi a quell'ideale meraviglioso che è costituito dalla Famiglia di Nazaret. Quando si cerca il modello perfetto della consacrazione a Dio, del lavoro secondo il disegno del Creatore, della vita attiva e contemplativa, dell'esistenza più bella nei fatti di ogni giorno, lo si trova nella Santa Famiglia. Quando si desidera costruire la Chiesa, la comunità e la famiglia cristiana, l'immagine più appropriata è quella che ci presentano insieme Gesù, Giuseppe e Maria.

Il Papa Benedetto XVI, nell'incontro mondiale delle famiglie, ha riproposto l'icona della Santa Famiglia. E' sotto gli occhi di tutti quanto sia **necessario tale esempio** tanto più ai nostri tempi, quando l'idea stessa della famiglia è così pesantemente minacciata. Ad ogni modo è un principio "non negoziabile" che si rifà alla vocazione dell'uomo e della donna fin dalla creazione; il matrimonio per il cristiano è sacramento che rappresenta l'amore indissolubile di Dio per il suo popolo e di Cristo con la Chiesa. Un amore fedele che non si spezza, di servizio reciproco fino al dono totale di se stessi, come quello che ha legato in maniera splendida la Famiglia di Nazaret. E' l'amore scambievole, capace di continuo rinnovamento, di misericordia e di perdono, la legge suprema che deve animare ogni famiglia e ogni comunità che vuole conformarsi a Gesù, a Maria e Giuseppe, "trinità terrena" immagine di Dio Amore, Unità e Trinità: "Deus Caritas est"!

Se la Chiesa vuol essere come è chiamata ad essere, deve rispecchiarsi in tale immagine, che la richiama all'unità e alla fraternità, all'autentico spirito di famiglia: obiettivo certo sempre da raggiungere ma che non è facoltativo; è costitutivo della sua missione, è la preghiera di Cristo al Padre ed è l'invocazione che Egli ha messo sulle nostre labbra: “sia fatta la tua volontà come in cielo così in terra”... Non dovrebbe dunque **mai mancare il riferimento alla Santa Famiglia**, senza dimenticare nessuno dei protagonisti, nemmeno san Giuseppe che in genere è il più trascurato. In qualità di “Capofamiglia” a Nazaret è Patrono di tutta la Chiesa, cioè della Famiglia di Cristo oggi nel mondo. E’ un peccato allora non invocarlo mai e non è giusto che nelle chiese manchi una sua immagine. Se al centro c’è il Signore, ai lati ci dovrebbero essere sempre la Madonna e san Giuseppe. Tutti e tre i personaggi davanti agli occhi per non correre il rischio di perdere di vista cosa significa essere Chiesa e fare famiglia nel rapporto con gli altri, nello spirito della comunione.

19. SAN GIUSEPPE LAVORATORE

Pensando alla vita di san Giuseppe, per la maggior parte dei suoi anni lo troviamo nella **bottega di Nazaret** impegnato nel lavoro quotidiano, senza tirarsi indietro davanti alla fatica. Con le sue mani e con il sudore della fronte, facendo il carpentiere, sostiene la propria famiglia e procura alla sposa e al figlio il necessario per vivere. Va incontro ai bisogni della gente, che in paese e fuori lo chiama per le sue necessità... c’è da costruire, da aggiustare, da incollare, da riparare... Non lavora per arricchirsi, magari disonestamente e a scapito degli sprovveduti, ma è contento della sua povertà. E’ risaputo che Gesù, passando gli anni e diventando un ragazzo, impara nella bottega il mestiere del padre, tant’è che più tardi la gente, vedendo le sue opere, si domanderà: “non è il figlio del carpentiere?”, e più direttamente: “non è costui il carpentiere?”. Vanno insieme a raccogliere la legna, si passano gli arnesi, si aiutano nei lavori pesanti, spazzano e risistemano la bottega, si danno una mano in ogni cosa...

Giuseppe ci si presenta come il **modello dei lavoratori**. Tanto alto e grande è il compito affidatogli da Dio quanto umile e nascosta è la sua esistenza. Non gli piace farsi sentire e accampar diritti, ma darsi da fare in silenzio e semplicità. Non ambisce successi e non si affanna per i beni del mondo, ma è felice dell’essenziale. “Santifica e nobilita il suo lavoro continuamente indirizzandolo a Dio”. Davvero lavoratore perfetto: “egli che sostentò la sua e la vita di Gesù e di Maria col lavoro delle proprie mani; egli che seppe rimanersene oscuro l’intera vita in una bottega, nell’esercizio di virtù tanto più sublimi quanto più ignorate dagli uomini; egli che nell’arte sua istruì il

Creatore del mondo, fatto per amor nostro umile artigianello sotto la disciplina del fabbro di Nazaret" (Eugenio Reffo). Giuseppe ci insegna dunque l'amore al lavoro, la sua importanza nel contesto della dignità umana e del progetto della creazione. Se ne ricava uno spirito di laboriosità, una coscienza della professione, una fedeltà al dovere, un'attenzione al momento presente da vivere in pienezza. Ben a ragione si è dedicata al nostro santo la festa dei lavoratori il primo maggio.

Il lavoro più delicato per Giuseppe rimane però non quello del mestiere, ma quello dell'educatore. Impresa certo non facile e che lo caratterizza più intimamente: è artigiano ed è esempio dei lavoratori, ma è principalmente "custode del redentore" e **modello degli educatori**. A ben guardare proprio nella bottega di Nazaret troviamo l'ispirazione profonda dell'arte educativa. Indubbiamente i padri di famiglia vi si possono rispecchiare, ma anche gli insegnanti e gli istruttori, i responsabili dell'infanzia e dell'adolescenza. Anzi proprio chi non è legato da parentela con l'educando trova in Giuseppe un riferimento assai significativo. Da lui i genitori possono imparare il giusto esercizio di quella paternità a cui nella nostra società spesso si sfugge. A lui possono rifarsi tutti coloro che sono impegnati nel mondo dell'educazione e dell'accoglienza dei minori. Non è fuori luogo affermare che qui si trova il paradigma ideale sia della famiglia che dell'adozione e dell'affido, come pure del compito educativo nel senso più ampio del termine. Si direbbe che c'è da operare una doppia identificazione: noi in Giuseppe e i figli in Gesù. Diciamo pure che agli educatori spetta di fare la parte di Giuseppe e di riconoscere Gesù in coloro che sono affidati alle loro cure. Non a torto il nostro santo viene quindi invocato come "ottimo educatore".

20. IMMAGINE DELLA CHIESA

C'è un'interessante riflessione del teologo protestante Karl Barth, secondo il quale san Giuseppe sarebbe da preferire a Maria stessa quale prototipo dell'essenza e della funzione della Chiesa. Il giuseppino biblista p. Giuseppe Danieli osserva: "realmente, san Giuseppe ebbe il compito di custodire, difendere, nutrire, educare Gesù (non generarlo): e questo è eminentemente il compito della Chiesa oggi". In effetti il Custode del Redentore ci si presenta come "immagine" del popolo di Dio e del singolo cristiano, chiamato in ogni tempo a portare e a **difendere la presenza di**

Cristo nel mondo. Il compito oggi non è tanto quello di generarlo, perché il Risorto è vivo e operante tutti i giorni, fino alla fine del mondo, quanto piuttosto quello di custodirlo e di proteggerlo, davanti all'opposizione dichiarata, o all'indifferenza e alla scristianizzazione, quello di farlo crescere nella vita della comunità cristiana. Una testimonianza tanto più esigita dal confronto e dal dialogo necessario con chi non crede, appartiene ad altra Chiesa o religione. Il dialogo infatti non esime dal difendere la propria identità, cultura e tradizione, nel reciproco rispetto.

Non si tratta di una pia devozione, magari superata o per le vecchiette di una volta, ma di riconoscere dunque in san Giuseppe l'immagine della Chiesa, il prototipo di quel ruolo fondamentale che consiste nel **presentare e portare Gesù**. E' fuor di dubbio che ci sia bisogno nell'attuale società di essere fedeli a tale compito per ogni cristiano. Il mondo laicista che non accetta nemmeno il dato di fatto delle "radici cristiane" del nostro popolo, deve far pensare. Se poi la Chiesa è attaccata e la sua dottrina viene ritenuta dagli opinionisti che vanno per la maggiore retrograda sulle sue posizioni, è il momento di rifarsi maggiormente al suo Protettore, che è il protettore di Cristo stesso. Non per niente la proclamazione del patrocinio di san Giuseppe da parte di Pio IX avviene in uno dei momenti più difficili della sua storia. Opportunamente Giovanni Paolo II ha sottolineato la necessità per tutta la Chiesa del ricorso alla sua intercessione.

Vedere dunque in san Giuseppe, insieme alla sua Sposa, l'immagine della Chiesa, ci induce a scoprire in lui, nel suo modello di santità, **il nostro "dover essere"**. Ci porta a impostare la nostra esistenza, come un suo "poter essere". L'arricchimento che ci dona tale scoperta è straordinario. L'esempio di tanti santi e suoi devoti è una garanzia. A questo punto, occorre provare per credere. Per parte nostra lo scegliamo come il migliore compagno di viaggio. Ci auguriamo che il Custode del Redentore, pienamente inserito nel mistero di Cristo e della Chiesa, trovi più spazio in ciascuno e in ogni comunità ecclesiale, in modo da riconoscere in lui quella che è l'essenza della propria funzione, e da assegnare a lui il posto che gli spetta nella spiritualità cristiana del presente e del futuro.

21. ECLISSE DI SAN GIUSEPPE

Sebbene san Giuseppe rimanga tra i santi più popolari, sembra che da una trentina d'anni a questa parte assistiamo ad un'eclisse della sua figura. Complice il fatto che in Italia dal 1977 il 19 marzo non è più giorno festivo. Dopo la proclamazione del nostro santo a Patrono della Chiesa universale, che risale a Pio IX nel 1870, e del Concilio Vaticano II, grazie a Giovanni XXIII nel 1962, sembra che si sia stesa una cortina di silenzio. Certo non sono mancati autorevoli pronunciamenti pontifici anche in seguito, sia con Paolo VI che con Giovanni Paolo II, Benedetto XVI e papa Francesco. Dal 1970 si sono poi organizzati nove simposi internazionali che hanno rinnovato l'interesse per san Giuseppe, almeno da parte degli studiosi. Ciononostante, dopo il Concilio, si è verificato praticamente un **declino di attenzione e devozione** verso lo Sposo di Maria. Il passaggio ad una nuova ecclesiologia, forse ad un malinteso cristocentrismo, a più corrette forme di espressione della liturgia e della pietà popolare, ha portato talvolta (come si suol dire) a buttare "l'acqua sporca col bambino". Così ci ha rimesso pure il nostro santo, che molti hanno messo da parte…

D'altronde il problema è più grande se si riscontra che la fede si affievolisce e va affermandosi un relativismo che sfugge ad ogni certezza, quasi che la verità non esista più e tutto sia opinabile. Una volta scrollato il peso di formule devozionali, scarsamente fondate sulla Parola di Dio, su Cristo e sulla Chiesa, sulla sua realtà di popolo di Dio in cammino, nel perseguimento della giustizia e della fraternità, bisogna ripartire col piede giusto. Se **guardiamo con occhi nuovi a san Giuseppe** in tale prospettiva, ci avvediamo come è radicata nel Vangelo la sua figura, come è profondamente innestata all'inizio della Redenzione, come è pienamente inserita nel mistero di Cristo e della Chiesa, come emerge il suo compito singolare di "ministro della salvezza", come ci è davanti congiunto a quello di Maria il suo modello insuperabile di santità, come sia necessario ripercorrere la sua via per andare avanti nella missione affidata ad ogni credente e alla comunità cristiana. Allora sì che risalta il nostro santo ed acquista la sua dignità.

Dispiace se viene ridotto ad un santino tra i tanti da tenere in tasca, a una devozione di cui si può fare a meno, a pia tradizione ormai d'altri tempi, ad una cornice del presepio. Dispiace se viene staccato da Gesù, il Figlio di Dio per il quale ha fatto da padre, o da Maria, la Madre di Dio affidatagli in Sposa. Dispiace se è assente dalla catechesi e dalla predicazione, se non è invocato nella preghiera eucaristica e nel rosario, se nelle chiese non c'è nemmeno una sua immagine, se non si continua a dare il suo nome nel battesimo. Dispiace se ci si dimentica di affidargli la Chiesa, di cui è Patrono universale, le famiglie, i genitori e i figli, i lavoratori e gli educatori, i coniugi e i consacrati, i giovani e gli anziani, i poveri e gli oppressi, di cui è straordinario modello ed intercessore. E' vero che san Giuseppe viene definito il "santo del silenzio", e il suo destino è sempre stato quello di vivere nell'ombra, già nella sua esistenza a Nazaret e poi nell'arco dei secoli, ma **non è giusto che noi facciamo silenzio su di lui** e non portiamo alla luce la bellezza della sua santità. Tanto più noi che ci riteniamo suoi devoti, figli ed amici. Tanto più nel mondo e nella Chiesa di oggi, che ha bisogno della sua protezione e del suo esempio.

22. IL TEMPO DI GIUSEPPE

Tempo d'Avvento: le quattro settimane che preparano al Natale, rappresentano il tempo della preparazione dell'antico popolo di Dio alla venuta del Messia e impegnano ogni anno la Chiesa a prepararsi nell'accoglienza del Salvatore. Il Signore Gesù, nato 2000 anni fa nella storia dell'umanità e che ritornerà nella gloria alla fine dei tempi, viene sempre ed è sempre da attendere. Chi più di Maria e di Giuseppe hanno saputo attenderlo e prepararsi alla sua venuta? Giustamente Maria è vista come Colei che è l'aurora del Sole che nasce, l'immagine perfetta del credente che si pone nell'attesa della sua venuta. Analogamente anche Giuseppe è il modello esemplare di chi si prepara alla nascita di Gesù. Dopo aver sposato Maria e ricevuto l'annunciazione dell'angelo, il nostro santo non fa che pensare al figlio che deve venire. Il percorso da Nazaret a Betlemme, più ancora del viaggio dei Magi con la guida della stella, diventa l'emblema del cammino di fede che ci porta a preparare la venuta del Signore, a fargli spazio nella nostra vita, nei nostri pensieri e nei nostri affetti, quindi nella nostra casa e nelle nostre azioni. La liturgia del 17 dicembre ci riporta con la genealogia a tutta questa storia antecedente che termina con Giuseppe, figlio di Davide, "lo sposo di Maria, dalla quale è nato Gesù chiamato Cristo". Il 18 dicembre, come pure la quarta domenica di Avvento (anno A), ultima tappa di questo "tempo forte", ci presenta proprio la figura di Giuseppe, dopo quella del Precursore, che risponde col suo sì all'annuncio del Salvatore. E' dunque quanto mai appropriato rivolgere l'attenzione al nostro santo in tale periodo.

Tempo di Natale: Maria che dona Gesù, Giuseppe che lo accoglie come figlio e lo presenta prima ai pastori e poi al tempio, che lo fa circoncidere e gli impone il nome, che lo introduce nel suo popolo e nella Legge, sono l'icona più bella di che cosa significa accogliere il Signore. Oggi possiamo permettere a Cristo di rinascere nel mondo e in particolare nella nostra esistenza, lo possiamo riconoscere o misconoscere, accettare o rifiutare, trovare o non vedere nei poveri, nell'Eucaristia, nella Parola, nell'amore fraterno, nella Chiesa, nella sua volontà e nei fatti di ogni giorno, in noi e negli altri. Darsi da fare per Gesù, lavorare per lui, farlo crescere e difenderlo, ascoltarlo e seguirlo, è quanto ci insegna san Giuseppe. Vediamo il nostro santo nel presepio, ma non riduciamolo a una cornice come il bue e l'asinello. Impariamo a riconoscere il suo ruolo paterno, così intimo al mistero dell'Incarnazione, nella famiglia di Nazaret e nella Chiesa di oggi. Accogliamo il suo messaggio, come fa la liturgia, ripresentandocelo nel contesto della festa dei Santi Innocenti, della Santa Famiglia, della Madre di Dio e dell'Epifania.

Tempo di Giuseppe: se ci può essere qualche difficoltà nella celebrazione del 19 marzo e del 1 maggio, in quanto capitano in tempo quaresimale e pasquale, difficoltà peraltro superabili, è chiaro che il tempo più propizio e naturale per san Giuseppe è proprio quello natalizio e dell'Avvento, legato ai misteri della nascita e dell'infanzia di Gesù. E' un tempo prezioso, caro e familiare, in cui ben si armonizza la figura del nostro santo nella vita di Cristo e della Chiesa, in quella della famiglia e di ciascuno, nei giorni di lavoro e di festa. L'invito è dunque di approfittare di questo tempo favorevole, prestare più attenzione al suo esempio nelle nostre comunità, e farsi accompagnare da lui all'incontro al Signore che viene.

23. COME BABBO NATALE

Non sembri irriverente. Vediamo piuttosto l'idea con simpatia. Potremmo dire che Babbo Natale può rappresentare san Giuseppe, costituito **padre e portatore di Gesù** appunto nel primo Natale della storia, al momento della sua nascita a Betlemme. Credo che bastano già queste poche parole a fare intuire la pregnanza dell'analogia. Certo non si tratta di pensare ad un buffo personaggio incappucciato, dalla lunga barba bianca e dai panni rossi, alle prese con la neve e la slitta, indaffarato a portare regali, proveniente da un fantomatico Polo nord. Sono pochi quelli che fanno un salto dalla fantasia alla verità e riconoscono in quell'immagine l'aggancio al dono del Bambino divino avvenuto in quella notte del 25 dicembre. Purtroppo prevale il consumismo e l'evasione, per cui si fanno i regali e non si pensa al più grande dono rappresentato dal Natale, si fa festa e si perde di vista il Festeggiato, si fa la settimana bianca e non si trova il tempo per andare alla Messa di mezzanotte, si fa spazio ai capricci dei figli e ci si scorda dell'amore del Figlio di Dio.

Ben venga allora san Giuseppe, alternativo "babbo Natale", a ricordarci come stanno veramente le cose. **L'autentico e più prezioso dono natalizio**, anno dopo anno, rimane sempre lo stesso: portare Gesù. Diventa importante quindi imparare da Maria e da Giuseppe a donare Gesù a chiunque incontriamo, a cominciare dalla famiglia e dai bambini di oggi. Le nuove generazioni cristiane vanno cresciute con la chiarezza di questa realtà e non con l'imbambolamento di giocattoli molte volte inutili e talora dannosi. Non vanno alimentati con la frenesia di avere sempre e subito ciò che vogliono in una gara vorticosa ad ottenere l'oggetto all'ultimo grido della pubblicità in competizione con gli altri e magari con chi non può permetterselo. Non è un bravo padre chi fa passare al figlio ogni voglia, si ferma alla festa esteriore e al futile regalo, senza insegnargli il significato profondo del Natale, del perché e del per chi si fa festa, del giusto regalo che è bello fare ai bambini.

Accompagni san Giuseppe, come e più di "babbo Natale", ogni papà di oggi a riscoprire il compito della propria paternità, troppe volte malamente esercitata. Con la guida paterna del nostro santo, sappiano i genitori cristiani donare Gesù Cristo ai propri figli, come ciò che hanno di più importante e prezioso. Sappiano far crescere la fede nella loro famiglia, alimentandola con la preghiera, vivendola nell'amore, rafforzandola con la testimonianza. Sappiano difenderla nella comunità civile ed ecclesiale, nei luoghi di vita e di lavoro, nella scuola e nelle istituzioni. San Giuseppe aiuti tutti, padri e figli, a **riscoprire e a ritrovare Gesù**, particolarmente in chi è più piccolo e indifeso, solo e bisognoso. Così sia Natale tutto l'anno, facendo noi la parte di Giuseppe, accogliendo e servendo Gesù nei figli e nei poveri, nei bambini nostri e del mondo intero. "Chi accoglie uno di questi piccoli nel mio nome, accoglie me" dice il Signore (Mc 9,37).

24. FESTA DEL PAPA'

Abbinare il giorno di san Giuseppe e la festa del papà è una bella cosa, anche se a prevalere è piuttosto l'elemento consumistico. Manifestare **riconoscenza al genitore** da parte dei figli non è cosa secondaria, se si considera come la gratitudine sia spesso trascurata, il dono della vita venga non poche volte sottovalutato, la famiglia risulti minacciata nei suoi valori e nella sua unità. Se c'è la festa della mamma ha ben diritto di esistere anche quella del papà, tanto più se assistiamo a un'eclisse della figura paterna, alla svalutazione del suo ruolo e della sua autorità, forse nella maggioranza dei casi... e delle case. Probabilmente è la reazione ad un eccessivo autoritarismo del capofamiglia di una volta, un passaggio dal preponderante maschilismo all'emancipazione della donna con parità di diritti. Sarà pure l'innegabile influsso che porta l'affermato impegno femminile nel campo professionale e nella carriera, che limita il tempo da dedicare alla famiglia e alla maternità. D'altra parte non manca un riflesso positivo nei padri che vengono ad occuparsi maggiormente dei figli e della loro crescita, cosa che nel passato era frequentemente appannaggio esclusivo delle madri.

Giustamente **il migliore modello di paternità** si è trovato in san Giuseppe, che si è fatto carico del suo compito di padre senza sfuggirne le responsabilità. Dal momento che Dio gli affida quel Figlio Unico, per lui la vita cambia completamente. Se aveva altri sogni e progetti, sa che deve essere pronto a sacrificarli e ad assoggettarli a quello che diventa il senso della sua esistenza: fare da padre a Gesù ormai per lui è l'unica cosa che conta. Un sacrificio che immaginiamo gli sia umanamente un po' costato, ma che in realtà è la premessa della sua grandezza e della sua completa realizzazione. Davvero un uomo non è pienamente adulto e maturo se non quando rinuncia a vivere per se stesso e comincia a vivere per gli altri, per il figlio che il Signore gli dona. Se è vero che Giuseppe non è padre per legame di sangue, è quanto mai vero che è autenticamente padre per la sua vita vissuta a servizio di quel figlio: lo nutre e lo cresce, lo custodisce e lo difende, gli insegna l'educazione e il mestiere, lo inserisce nella comunità familiare, civile e religiosa. In definitiva Giuseppe non è più soltanto il figlio di Davide, il falegname di Nazaret, lo sposo di Maria, ma è soprattutto "il papà" di Gesù: umile, tenero, grande papà.

C' è da aggiungere che se san Giuseppe non è padre in forma naturale e biologica, non per questo è sminuito il suo esempio di paternità. A parte che per tutti i genitori i figli non sono da ritenere propri in senso assoluto, in quanto sono figli di Dio - e per loro occorre essere riconoscenti al Creatore -, c'è da imparare come la vita va donata non solo al momento del concepimento ma per ogni giorno, mese e anno della loro crescita. Anzi, **san Giuseppe insegna a tutti i papà** che devono pensare prima ai figli e poi a sé, prima alla volontà di Dio e poi ai propri desideri, e questo nella costanza e nella coerenza dell'esistenza quotidiana. La sua è una paternità che è di modello anche ai consacrati, agli educatori e ai non sposati, per la carica di esemplarità "spirituale" per ogni persona che si dedica a chi è più piccolo e bisognoso. Infine occorre considerare che san Giuseppe è "padre" di questa grande famiglia di cui tutti facciamo parte, che è la Chiesa e il mondo di oggi: a lui effettivamente siamo affidati come "figli".

25. LA PRIMAVERA VIENE CON T

La solennità di san Giuseppe il 19 marzo da vecchia tradizione segna **il passaggio della stagione** che si risveglia dal freddo e dall'assopimento dell'inverno (almeno nel nostro emisfero). Le usanze del folklore e dell'arte culinaria in molti luoghi ne danno ancora un'idea. Si comincia a uscire, a radunarsi all'aperto e a metter su per le strade e i negozi banchetti di frittelle, di zeppole e bigné. A partire poi dagli antichi vangeli apocrifi si fa riferimento al bastone fiorito, il giglio è diventato l'emblema di san Giuseppe, della sua castità e del suo matrimonio con la Vergine delle vergini. La stagione in cui rifiorisce la natura, in cui i fiori germogliano in variopinti colori, in effetti può ben rappresentare il nostro santo. L'uso di invitare in questa data i bambini e le famiglie all'offerta del fiore davanti all'immagine del Patrono, immagine nel medesimo tempo di ogni papà e di colui che porta il fiore più bello in Gesù, è quanto mai azzeccata. Rinsaldare i legami familiari, anche attraverso il segno di un dono floreale o di un regalo, è certo una bella idea.

C'è però un motivo più profondo in questo accostamento tra la primavera e san Giuseppe. In analogia con quanto si afferma di Maria, che racchiude il senso dell'Avvento nella perenne attesa della venuta del Signore, anche il nostro santo pare svolgere un compito di precursore che prepara l'opera redentrice del Salvatore. E' un po' come la primavera, in cui cominciano a sbocciare piante e germogli, ma non è ancora il tempo della raccolta e dei frutti maturi. Il suo è il tempo dell'incarnazione e della nascita di Gesù, della sua infanzia e adolescenza, ma non ancora quello della sua missione pubblica e del mistero pasquale. **Giuseppe è esattamente colui che prepara e avvia,** che accompagna verso la vita adulta il Figlio di Dio, che al momento giusto si ritira in modo che Cristo " possa crescere e lui diminuire". La sua figura rappresenta lo sfondo e l'ambiente naturale su cui può maggiormente risaltare la Parola del Verbo incarnato, lo splendore di Chi è la Luce e la Vita degli uomini. Dopo di lui verrà l'estate con i suoi raggi e il suo calore, l'autunno con tutti i suoi frutti. E' invece proprio di Giuseppe il compito della primavera...

Si dice che, per effetto dell'ozono e i cambiamenti climatici, stanno sparendo le stagioni intermedie. Si passa direttamente dal caldo estivo al freddo invernale; poco male se fosse solo una questione meteorologica da accettare e attrezzarci di conseguenza; sennonché pare che sia preoccupante per l'equilibrio della natura e il rispetto dell'ambiente. Che non sia preoccupante anche per san Giuseppe? Se con la scomparsa della primavera sparisse anche lui? A tanti forse non importa, ma a noi sì. Siamo preoccupati di questo calo di fede e di amore a cui stiamo assistendo, di questa trascuratezza di attenzione (perfino in teologia) nei riguardi del nostro santo. Fuor di metafora: possibile che siamo nel tempo in cui non c'è più spazio per la sua devozione? per imparare da lui l'umiltà, il nascondimento, l'attesa laboriosa e... **la mitezza primaverile?** Possibile che soccombe chi non si adegua all'era del protagonismo, delle "prime donne", del tutto e subito? Non c'è più nessuno disponibile a far crescere l'altro, a far "da cuscinetto" e a mettersi a servizio con amore, senza mire ambiziose e appariscenti? Caro san Giuseppe, la primavera viene con te, aiuta tu la nostra umanità!

26. PRIMO MAGGIO

1 maggio: festa del lavoro e dei lavoratori, ma anche **festa del patrono dei lavoratori**. Da quando Pio XII nel 1955 ha istituito la festa di san Giuseppe artigiano, in molte località si è dato rilievo a questo appuntamento in onore del nostro santo. E' vero che è stato un modo per cristianizzare una festa altrimenti di stampo laico e comunista, almeno all'origine. Ma è pur vero che è quanto mai opportuna anche oggi se stimola alla riflessione sul senso cristiano del lavoro, sui diritti conculcati e sui doveri inapplicati. Giovanni Paolo II, convinto che qui si trova "la chiave della questione sociale", non ha perso occasione in tutto il suo pontificato di valorizzare il primo maggio per rilanciare il messaggio della Chiesa ai lavoratori e per incontrare direttamente le persone nei posti di lavoro, datori e dipendenti, nelle fabbriche e negli uffici, nelle piazze e nelle imprese. La mancanza di occupazione in particolare al sud, il lavoro precario, sommerso e sottopagato, l'evasione legale e fiscale, lo sfruttamento degli immigrati, la discriminazione professionale delle donne e delle categorie più svantaggiate, la competizione sfrenata e sregolata nel commercio, l'ingiustizia e la disonestà nel guadagno e nella retribuzione, l'estorsione e il riciclaggio di denaro sporco, spesso a favore della malavita più o meno organizzata, sono temi su cui riflettere e che il primo maggio rilancia con forza.

San Giuseppe è "l'uomo giusto" per eccellenza. Veramente **ci vuole il suo aiuto** per districarci nel groviglio di tante truffe e ingiustizie a cui assistiamo. Dalle notizie che i mezzi di comunicazione ci trasmettono, alle agitazioni e agli scioperi che si ripetono nei vari settori, all'impasse della vita pubblica e della lotta tra le coalizioni, ai problemi economici per l'aumentato costo della vita, a quello che vediamo vicino a noi e a quanto subiamo sulla nostra pelle, pare proprio che ci troviamo su una brutta china. La diffusa illegalità, presente nella mentalità che ci circonda prima ancora che nei fatti che succedono, non ci fa ben sperare. La tentazione dell'adeguarci a fare come fanno tutti, passando sopra il rispetto dei valori, e quindi delle persone e delle cose, è ricorrente. Davanti a questa realtà negativa non vogliamo però fare "di ogni erba un fascio"; sappiamo che non è sempre così, non per tutti è così, soprattutto che può non essere così. D'altra parte non ci meravigliamo, dato che "non c'è nulla di nuovo sotto il sole", e già 2000 anni fa, ai tempi di san Giuseppe, era così.

Al nostro santo non è andato tutto dritto; sono state invece tante le cose storte che ha incontrato e le ingiustizie che ha patito. Basta scorrere la via che ha percorso con la sua esistenza. Ma non si è tirato indietro davanti al lavoro da compiere e alla giustizia da rispettare. Ha lavorato per decenni nella bottega di Nazaret, mantenendo e custodendo Gesù e Maria, il figlio e la sposa donatigli da Dio. L'osservanza della legge, civile e religiosa certamente, ma soprattutto l'adesione al volere del Signore era per lui indiscutibile, l'amore per il Dio dei suoi padri e per il prossimo non era in alcun modo negoziabile: era una contrattazione ratificata ad alto livello, a tempo totale e indeterminato. Anche se era maltrattato non maltrattava, se offeso non offendeva, se imbrogliato non imbrogliava, se perseguitato non perseguitava. Faceva bene il suo lavoro di padre di famiglia, di falegname e carpentiere, guadagnava il necessario per vivere e aiutare il prossimo più bisognoso, era contento dell'essenziale e non ambiva le ricchezze. Non lavorava per lavorare e inseguire il profitto. Lavorava per amare e servire il Signore nei suoi fratelli. Una professione la sua impastata di competenza e amore, di giustizia e onestà, di umiltà e carità. Anche oggi **c'è bisogno di un santo così**... e di un primo maggio all'insegna di tale modello dei lavoratori.

27. IL ROSARIO CON SAN GIUSEPPE

Il rosario con Maria e Giuseppe. Non dividiamo i due sposi nella nostra preghiera. Ricordiamoci, dopo la Salve Regina, di rivolgerci allo Sposo con la preghiera di Leone XIII "A te o beato Giuseppe", che quel Papa ha esortato a recitare in particolare nel mese di ottobre. Prima dell'enunciazione dei misteri, si può aggiungere l'invocazione: "Lodato sempre sia – il santo nome di Gesù, di Giuseppe e di Maria". Nella contemplazione dei misteri stessi, specie nei gaudiosi, si può ricordare opportunamente san Giuseppe: nel primo l'annunciazione a Maria e a Giuseppe; nel secondo la visita ad Elisabetta e lo sposalizio con san Giuseppe; nel terzo la nascita di Gesù accolto da Maria e da Giuseppe; nel quarto la presentazione al tempio da parte di Giuseppe e di Maria; nel quinto Maria e Giuseppe che ritrovano Gesù. Nel quinto mistero glorioso si contempla la gloria di Maria, di san Giuseppe e di tutti i santi.

Il rosario con san Giuseppe. Specie il mercoledì e nei giorni anteriori al 19 marzo o al primo maggio, si potrebbe recitare il rosario col nostro santo. L'Ave

Maria potrebbe essere sostituita dall'Ave Ioseph. Una versione che la ricalca fedelmente e con ritmo analogo è la seguente: *Ave Giuseppe, Custode del Redentore, il Signore è con te. Tu sei benedetto fra gli uomini, e benedetto è il frutto della tua Sposa, Gesù. O san Giuseppe, patrono della Chiesa, prega per noi peccatori, adesso e nell'ora della nostra morte. Amen.* L'enunciazione dei misteri potrebbe essere fatta a questo modo. I gaudiosi: nel primo l'annunciazione a san Giuseppe; nel secondo lo sposalizio di san Giuseppe con la Vergine Maria; nel terzo la nascita di Gesù accolto da Maria e Giuseppe; nel quarto la circoncisione e la presentazione di Gesù da parte di Giuseppe e Maria; nel quinto il ritrovamento di Gesù da parte di Maria e Giuseppe. I misteri dolorosi: 1° il dubbio di Giuseppe; 2° la strage egli innocenti; 3° l'esilio in Egitto; 4° lo smarrimento di Gesù; 5° la morte di Giuseppe. I misteri gloriosi: 1° Giuseppe padre terreno di Gesù; 2° Casto Sposo di Maria; 3° Capo della Santa Famiglia; 4° Protettore della buona morte; 5° Patrono di tutta la Chiesa. Alla fine si conclude con le litanie di san Giuseppe.

L'omaggio del rosario. Come una corona di rose, il devoto omaggio del rosario viene così posto sul capo dei due santi Sposi. L'indissolubile comunanza voluta da Dio nella scelta di Maria e di Giuseppe nel cooperare al mistero dell'Incarnazione dà ragione ad unire in tale preghiera l'ossequio sia all'una che all'altro. D'altronde il rosario è preghiera rivolta al Signore nella meditazione della storia della salvezza. In essa, come ha affermato il papa Benedetto XVI, san Giuseppe "riveste un'importanza fondamentale". Non appaia dunque strano o fuorviante abbinare Maria e Giuseppe nella recita del rosario, o accomodare all'uno quanto si dice dell'altra. Del resto non è una novità: già da secoli si propongono varie versioni del rosario di san Giuseppe nella pietà popolare, a suo tempo approvate e indulgenziate dalla Chiesa.

28. INCONTRO NELLA MESSA

Accostarsi all'Eucaristia significa "**rimanere col Signore**", accoglierlo nel sacramento, riportarlo nella nostra vita, costruire con Lui la comunità cristiana, donarlo a chi ha più bisogno. "Fame di pane e fame di Dio" costituiscono un binomio che va congiunto. Quel pane spezzato nell'Eucarestia deve portare a nutrire la comunione fraterna e a sfamare chi è in necessità. L'incontro eucaristico, per non essere ridotto ad una sorta di intimismo, deve far sgorgare in abbondanza la carità. E' questo il frutto che bisogna portare, una volta innestati nella linfa vitale che la celebrazione e l'adorazione del santissimo sacramento ci comunica. "Io sono la vite, voi i tralci", dice Gesù. Sotto lo sguardo del nostro santo, avvenga l'incontro col Signore e produca quell'effetto che egli desidera venendo in noi e che è stata la ricchezza inestimabile tra Maria e Giuseppe a Nazaret.

Chi più di san Giuseppe, dopo Maria, è stato così intimamente vicino a Gesù, in ogni giorno della sua vita? Il pane che il padre terreno gli ha procurato per tanti anni non è stato la premessa di quell'altro pane che Cristo ci ha donato e che ci ha insegnato a chiedere quotidianamente al Padre celeste? E' interessante quanto scrive in proposito san Leonardo Murialdo: "***La casa di Giuseppe: un Tabernacolo****; le sue braccia: una pisside; il suo petto: una patena, su cui Gesù dormiva, ma vegliava per noi! E questo corpo santissimo di Gesù Cristo che ci nutre per la vita eterna, fu nutrito dalle fatiche di Giuseppe*". E' un'immagine efficace che fa risaltare l'ardito parallelismo tra l'altare per la Messa e l'accoglienza di Gesù da parte di Giuseppe. Per i celebranti diventa allora quanto mai calzante il modello del nostro santo. Continua il Murialdo: "*Noi sacerdoti siamo dispensatori dei doni di Dio; come Giuseppe tocchiamo, alziamo, abbassiamo il Corpo di Gesù; baciamo la patena su cui riposa! Impariamo da Giuseppe ad accostarci con fedeltà, purezza e amore*". L'atteggiamento, le disposizioni e i sentimenti di san Giuseppe rappresentano così l'ideale dei ministri dell'altare e di tutti coloro che si accostano alla santa comunione: "*Giuseppe ci insegnerà come tenere compagnia a Gesù: amarlo, carezzarlo, pregarlo*".

Nel Messale romano prima del Concilio si suggerivano alcune preghiere in latino, che ricordavano esplicitamente il nostro santo. Per prepararsi alla Messa si diceva: "*Te felice, san Giuseppe, perché ti fu dato non solo di vedere, ma anche di portare in braccio, baciare, vestire e custodire quel Dio che molti re desideravano vedere e non lo videro, desiderarono ascoltare e non lo ascoltarono*". Dopo la celebrazione, come ringraziamento, si proponeva l'invocazione "Virginum custos". Negli anni '60 c'è stato un grande impegno nel raccogliere le firme di tanti vescovi per presentare al Papa la petizione per l'inserimento del nome del nostro santo nel canone della Messa. Giovanni XXIII ha accolto con gioia la proposta e ha stabilito di aggiungere dopo il ricordo di Maria la dizione “con san Giuseppe suo sposo”. Nel primo canone romano è ancora così. Il rinnovamento conciliare ha portato però all’uso di altre preghiere eucaristiche, in cui il nome di san Giuseppe è stato omesso. Ora col decreto di papa Francesco è stato ripreso: è una cosa buona e giusta per tutti i fedeli l’inserimento ufficiale del suo nome nella Messa.

29. UNA CONSEGNA DEL PAPA

Tra il ricco insegnamento del magistero del novello santo Giovanni Paolo II segnaliamo che in numerose occasioni ha evidenziato la figura e la missione di san Giuseppe. Puntualmente nelle sue feste, il 19 marzo e il 1 maggio, ha ricordato il nostro santo e lo ha ripresentato alla Chiesa. Sia nelle visite programmate appositamente in quelle date nelle fabbriche e al mondo del lavoro in genere, sia nelle udienze in Vaticano, il ricordo dello Sposo di Maria è stato esplicito e pregnante; particolarmente forte è risultato il “giubileo dei lavoratori” a Tor Vergata nel 2000, nella memoria di san Giuseppe lavoratore. Soprattutto la sua esortazione apostolica “**Redemptoris Custos**”, del 15 agosto del 1989, rimane come la sua consegna e il più autorevole compendio della teologia e della spiritualità su san Giuseppe, definito “Custode del Redentore”, innestato nella vita di Cristo e della Chiesa. E’ ribadito l’invito a ricorrere alla sua intercessione, ad affidargli specialmente la nuova evangelizzazione nel mondo. Riprende quanto ha detto il beato Pio IX e quanto ha scritto Leone XIII con la preghiera “a te o beato Giuseppe” nell’enciclica “Quamquam pluries”, per riaffermare san Giuseppe “Patrono della Chiesa del nostro tempo”.

Ecco qualche espressione dell’esortazione di Giovanni Paolo II: “Ancora oggi abbiamo numerosi motivi per pregare nello stesso modo… Ancora oggi abbiamo perduranti motivi per raccomandare a san Giuseppe ogni uomo… E’ certo che questa preghiera e la figura stessa di Giuseppe acquistano una rinnovata attualità per la Chiesa del nostro tempo, in relazione al nuovo Millennio cristiano… Che **san Giuseppe diventi per tutti un singolare maestro** nel servire la missione salvifica di Cristo, compito che nella Chiesa spetta a ciascuno e a tutti: agli sposi ed ai genitori, a coloro che vivono del lavoro delle proprie mani o di ogni altro lavoro, alle persone chiamate alla vita contemplativa come a quelle chiamate all’apostolato… Che egli ci indichi le vie di questa Alleanza salvifica sulla soglia del prossimo Millennio… Che san Giuseppe ottenga alla Chiesa ed al mondo, come a ciascuno di noi, la benedizione del Padre, del Figlio e dello Spirito Santo”.

Ricordiamo che Giovanni Paolo II ha confidato più volte di **aver pregato ogni giorno san Giuseppe** con le preghiere tradizionali dell’antico Messale Romano all’inizio e al termine della Messa. Sono poi da ricordare i suoi pellegrinaggi al santuario di san Giuseppe a Montréal in Canada, con la relativa beatificazione del fondatore Andrea Bessette, e a quello di Kalisz in Polonia, legato alla sua terra d’origine e al tempo di guerra con le deportazioni nei campi di concentramento. Un gesto significativo è stato pure in occasione del XXV° di pontificato, quando ha donato il proprio anello papale perché fosse incastonato alle dita dell’immagine del nostro santo sulla pala dell’altare della chiesa carmelitana della sua città natale Wadowice, erigendola a santuario di san Giuseppe. Il Papa del “totus tuus”, consacrandosi al Signore e alla Madonna, non ha potuto dimenticare di affidare se stesso, la Chiesa e il mondo, allo Sposo di Maria e Custode del Redentore.

30. AUGURI GIUSEPPE

Auguri a tutti gli amici di san Giuseppe: potenzialmente a tutti i cristiani, dato che la Chiesa lo ha proclamato suo Patrono universale. Come insegna la preghiera “A te o beato Giuseppe”, ogni volta che la Chiesa si ritrova insidiata e nelle avversità, ha maggiore motivo di ricorrere al suo Protettore, perché la difenda dai pericoli, come un tempo difese “la vita minacciata del bambino Gesù”. In effetti la Famiglia di Nazaret è un po’ il prototipo in cui ha da rispecchiarsi ogni famiglia e particolarmente la famiglia di Dio nel mondo, ossia la comunità dei credenti, che è chiamata ad essere una famiglia, in cui ci si riconosce tutti figli di Dio, tutti fratelli e sorelle. Il ruolo che san Giuseppe ha esercitato nella Santa Famiglia è in qualche modo lo stesso che esercita oggi dal Cielo su tutta la Chiesa. Il suo è un ruolo di tipo protettivo, di difensore: difende Cristo e la sua presenza oggi, difende noi che siamo la sua famiglia vivente nel mondo. Davanti al rischio dell’indifferenza religiosa e dell’incombente scristianizzazione, ecco che abbiamo chi ci difende. Auguri quindi perché come cristiani sappiamo affidarci alla sua protezione.

Auguri a coloro che si chiamano Giuseppe: sono davvero tanti! Si tratta infatti del nome più diffuso in Italia. Risulta essere l'onomastico di oltre un milione e mezzo di Giuseppe e di circa 800.000 donne nelle sue varianti al femminile. E' un nome bellissimo, che nella sua etimologia ebraica ha in se stesso un significato augurale: "Dio accresca"! Auguri perché il Signore accresca la vostra famiglia di ogni bene, vi sia vicino e faccia crescere in voi i suoi doni, la fede, la speranza e l'amore, aggiunga ogni virtù e vi faccia portatori di pace ed unità. E' un nome fortunato, verso cui risuona la parola biblica: "andate da Giuseppe"! Parola rivolta anticamente verso il viceré dell'Egitto e poi verso il nostro san Giuseppe, che è il più grande santo e colui al quale Dio stesso ha affidato i suoi tesori: Gesù e Maria. Davanti alla moda oggi in voga di mettere altri nomi a caso, per gusto di novità, per imitazione di personaggi mondani o per assonanza più o meno simpatica, è un nome che al momento del battesimo va salvaguardato, oltre che per amore alla tradizione di fede e di famiglia, proprio per il legame con il nostro santo e per la ricchezza del suo significato.

Auguri direttamente a te, o Giuseppe di Nazaret: sei padre, sposo, lavoratore, uomo giusto per eccellenza. Affidiamo alla tua speciale protezione il mondo dell'educazione e della famiglia, del lavoro e della giustizia, i padri e i figli di oggi, gli sposati e i consacrati. Cresca tra noi l'amore per il Signore e per il prossimo, per te e per la tua Sposa Maria. Mettiamo nelle tue mani questa terra con i suoi problemi, il mondo dei giovani, dei piccoli e dei poveri. All'inizio del terzo millennio, attenti al mondo che cambia e alle sfide della nuova evangelizzazione, che tutti possiamo fare la nostra parte sul tuo esempio e con la tua intercessione.

Printed by Books on Demand GmbH, Norderstedt / Germany